海嘯華爾街
巴菲特傳奇

Buffett

趙劭甫，趙建 ——— 著

成功的祕訣有三條

第一，盡量避免風險，保住本金

第二，盡量避免風險，保住本金

第三，堅決牢記第一、第二條

他是富豪中的傳奇，三十二歲就成為百萬富翁

他是華爾街被膜拜的股神，投資累積億萬資產

他靠著簡單的金律與祕訣，貫徹始終邁向成功

且看巴菲特的發跡史與投資法則
締造金融海嘯來襲都打不垮的傳奇！

股市線型看多只會被KO！

用最樸實無華的方式逆襲成為

世界首富

目錄

目錄

目錄

附錄

前言 ——
金融危機後，我們需要向巴菲特學習

　　自美國次級房屋信貸危機爆發後，投資者開始對按揭證券的價值失去信心，引發流動性危機。政府的對策緩不濟急，沒能阻止金融海嘯的來襲。直到 2008 年，這場金融危機開始失控，許多大型金融機構倒閉或被政府接管，這其中就包括赫赫有名的花旗銀行。

　　這是全球面臨 60 年來最嚴重的金融危機！

　　然而，也就在 2008 年 10 月，美國財經雜誌《富比士》公布了「美國富豪榜」。巴菲特（Warren Edward Buffett）個人淨資產在 33 天內竟然增加 80 億美元，擊敗微軟公司創始人比爾蓋茲（Bill Gates），一舉奪回首富寶座。《富比士》定於每月 27 日公布最新一期。此前，《富比士》9 月公布的「美國富豪榜」中，比爾蓋茲擊敗巴菲特成為首富。

　　這次，《富比士》重新評估美國 9 月財經動向對國內富豪的影響。從 8 月 29 日至 10 月 1 日，巴菲特 33 天內個人淨資產增加 80 億美元，達到 580 億美元。比爾蓋茲個人淨資產同期減少 15 億美元至 555 億美元。

　　這場金融危機使得全球無數富豪資產嚴重縮水，比爾蓋茲、巴菲特都不能例外，根據權威調查顯示，巴菲特在這場金融危機中並不是隔岸觀火，在完成一系列投資前，他的

前言

損失竟高達 163 億美元，名列美國股市十大輸家排行榜第三位。

但巴菲特並沒有因此而動搖投資信心，仍能逆市「撈錢」，同時也創造了 33 天逆市賺得 80 億美元的投資神話。

「在別人貪婪時恐懼，在別人恐懼時貪婪。」這正是巴菲特一貫本色，也是金融危機下，眾多投資者最應該向巴菲特學習的一點。

回顧歷史，西元 1956 年，青年巴菲特在自己的家鄉小城奧馬哈開始了自己的投資事業。之後，巴菲特收購波克夏‧海瑟威 (Berkshire Hathaway) —— 一個破舊的紡織廠，這椿在其投資生涯中並不算成功的生意，卻為他帶來了一個創造財富奇蹟的複利機器，巴菲特和他的夥伴們將其成功轉型為一家優秀的投資控股公司，使其一直處於高速運轉的狀態，不斷生產出令人眩目的財富。從西元 1965 年到 2007 年，這 43 年之中，波克夏的平均年複合成長率為 21.1%。這是什麼概念呢？我們做一個假設，如果在西元 1966 年，你買了 1 萬美元波克夏的股票，到了 2007 年年底，這 1 萬美元將增值到 3,760 萬美元！我們再做一個假設，如果你足夠幸運，在西元 1956 年巴菲特開始自己的投資事業的時候，將 1 萬美元交給他投資，那麼這筆資產，在 2007 年年底將增值到 3 億美元之多！

在巴菲特的半個世紀投資生涯之中，經歷了全球性的經濟蕭條，東西方的冷戰，美國數次的對外戰爭，以及美國

國內多次的動亂，石油危機、股票市場的崩盤、911 恐怖襲擊……

每一次事件，都曾激起金融市場的大動盪，無數的投資者因此而傾家蕩產，但是巴菲特卻總能絕地反攻，乘風破浪，滿載財富。這可以說是一個偉大的奇蹟，雖不絕後但絕對空前。如此巨大的成功，使得巴菲特在全球投資界中，擁有如同教皇一般尊崇的地位，其投資思想也為無數的投資者所信奉。

關於巴菲特的的圖書也受到了追捧，市面上這樣的書不在少數，但客觀而論，這類書雖然各有各的精彩，但是，要麼更多關注巴菲特的生活、家人、朋友、婚姻以及關於他的趣聞軼事，流於庸俗，要麼只管講巴菲特的投資理論和方法，過於專業，曲高和寡。

現實的成功，總能在歷史中尋找到答案，這是歷史的價值所在。如果我們要探究巴菲特成功的奧祕，毫無疑問，要回過頭去，追尋他一路走過的足跡，研究他一生的歷程。要做到這一點，閱讀他的傳記，當然是最簡單而且有效的方法。但是，這只是硬幣的一面，巴菲特之所以為巴菲特，毫無疑問，最重要的還是在於他投資上的巨大成功。

所以說，要透澈地了解巴菲特，要學習巴菲特在危機中的生存智慧，就不僅要了解他的成長史，了解他的生活，了解他的個性，更要了解他的投資思想和投資方法。這兩者缺一不可。而本書正是以此為出發點而精心撰寫的。

前言

　　本書以傳記的方式向讀者展示了巴菲特怎樣成長為華爾街股神、全球財富之王的傳奇歷程，全面解析巴菲特的成功，力圖向讀者展現一個全面的、立體的、鮮活的巴菲特形象。更為可貴的是，本書並沒有落入一般傳記作品的窠臼，不僅在敘述巴菲特的成長史時融合點睛之評，還對巴菲特的投資思想和方法進行專章介紹。所以說，在動盪的金融世界中，此書不僅可以成為青年朋友的勵志典藏，也可以為正在股市浪潮中迷惑不定的眾多投資者提供很大的幫助。

　　閱讀本書，讀懂巴菲特的投資人生，那麼，無論前路再怎麼艱險，相信你都能一直勇敢衝在前。

卷一
成長篇 —— 巴菲特的流金歲月

「如果成不了百萬富翁，我就從奧馬哈最高的
樓上跳下去。」

巴菲特家族

　　巴菲特的祖先自移民到美國後，就開始了其延綿不絕的商業歷程，這種先天的血緣關係使他終身熱愛賺錢，並從一名小小的報童一躍而成為大名鼎鼎的全球財富之王。

　　巴菲特家族是 17 世紀移民到美洲大陸的。約翰‧巴菲特，這個法國新教徒後裔、紡織工是巴菲特家族最早來到美國的人，他是巴菲特的曾祖父。約翰‧巴菲特在西元 1696 年與漢娜‧泰特斯結為夫妻。

　　席德尼‧霍曼‧巴菲特（Sydney Homan Buffett） 則是巴菲特家族來到內布拉斯加州的第一人，西元 1869 年，他的 S‧H‧巴菲特雜貨店在奧馬哈開張了，由此，也展開了巴菲特家族延續至今的商業史。最初，席德尼的生意做得很艱苦，運貨的四輪車由騾子來拉，騾子就拴在雜貨店後面的馬廄裡。

　　奧馬哈始建於西元 1854 年。如今是美國內布拉斯加州最大的工商業城市，它緊臨密蘇里河，人口有幾百萬之眾。是美國鐵路、公路交通樞紐，是美國小麥、家畜的大集散地。這裡的食品加工業非常有名，還有肉類加工、黃油、農機製造、鐵路裝備、電氣、石油加工、鉛鋅冶煉等工業。其南郊有空軍基地，是美國策略空軍司令部所在地。這個美國西部城鎮富有活力和創業精神，能人輩出，積極進取。

　　當奧馬哈還在其發展的初期時，巴菲特家族就開始置身

於這座城市的商業生活之中。他們的位置與後來成為美國富人辦公室的森林景區只有 1.5 公里的距離。

伴隨著奧馬哈的一步步發展，席德尼‧巴菲特的生活也隨之富裕起來。

到了 1870 年代，奧馬哈不僅有了鑄鐵的建築物，還有了劇院。到世紀之交的時候，奧馬哈聳立起摩天大樓，築起了地鐵，人口數也成長到了 14 萬。席德尼‧巴菲特建立了個更大的商店，並把兩個兒子也引入了生意場中，其中小兒子歐內斯特（Ernest Platt Buffett）—— 即巴菲特的祖父 ——繼承了家族經商的基因，他將雜貨店的生意發揚光大。

但是到了歐內斯特的兒子霍華 —— 也就是巴菲特的父親的時候，他卻對成為第三代雜貨店店主絲毫不感興趣。霍華在內布拉斯加大學裡念書時，是《內布拉斯加月報》的編輯，他渴望在新聞界任職。在他讀大學四年級的時候，他遇到了巴菲特的母親萊拉‧斯塔爾（Leila Stahl Buffett）。

萊拉‧斯塔爾出生在內布拉斯加一個荒涼而又偏僻的小鎮 —— 西點，這個鎮子只有區區的 2,200 人。萊拉的父親約翰‧安蒙‧斯塔爾擁有一家週報 ——《卡明縣民主報》。儘管如此，萊拉的家境也不算太好，她的母親大多數的時間都臥床不起，精神萎靡不振。萊拉和她的哥哥以及兩個姐妹不得不自己照顧自己，而萊拉還要協助父親經營《卡明縣民主報》。從五年級開始，萊拉就開始坐在高高的凳子上面用手來操作印刷，後來又用上了活字印刷機。每到星期四，這個瘦

小的女學生就站在巨大的印刷機旁邊，緊緊抓住新聞印刷品的紙張，然後在恰當的時候將它們逐一拉出來。

16 歲時，萊拉從高中畢業，為了籌集讀大學的學費，她開始四處尋找工作。一個偶然的機會，她出現在霍華・巴菲特的辦公室裡，想在《內布拉斯加日報》找一份工作，而霍華正好負責面試。

萊拉當年的經歷使她言語辛辣，也使她有一種苦澀的幽默。她很美麗，有著僅 5 英尺高的嬌小身材、柔順的性格以及富有光澤的捲曲的褐髮。霍華很快對這位年輕、睿智、美麗的女孩產生了愛慕之心。

關於這段故事，還有一個有趣的情節可以作為巴菲特父母愛情的見證，這段經典的情節後來被巴菲特本人多次寫進自己的故事。

面試時，霍華按部就班地問道：「妳是學什麼的？有什麼專業？」

萊拉還沒讀大學，她思考了片刻，這樣答道：「我的專業是結婚。」

霍華楞了一下，迅即幽默地回答道：「這可是一門不切實際的課程啊。」

最終，霍華雇用了萊拉，並且很快就提出和她約會。兩人都被對方深深吸引著。當霍華臨近畢業時，他向她求婚了。約翰・斯塔爾本希望女兒能念完大學，但對於這對陷入熱戀中的年輕人來說，沒有什麼能夠阻擋他們在一起。而約

翰‧斯塔爾也不是一個頑固不化的老人，他同意了這門婚事，並給了這對年輕人最真摯的祝福。

西元 1925 年聖誕節的第一天，冒著零下 10 度的嚴寒，霍華和萊拉在西點舉行了簡單而又樸素的婚禮。據萊拉在給孫子們的回憶錄中提到，霍華後來曾對她說：「和妳結婚是我做過的最好的交易。」因為當地沒有度蜜月的風俗，所以婚禮一結束，兩人就直接坐上了去奧馬哈的汽車。

夫婦兩人搬進位於奧馬哈巴克大街的一座有壁爐的二層白色平板房中。對於萊拉來說，這是一個艱難的開端。被一個患病的母親帶大的她，沒有任何家庭主婦的經驗。由於霍華要用車，於是萊拉在做臨時祕書或印刷工作時就得搭乘公共汽車，然後她還得走回家做一大堆家事。最初幾年，她有時每週比霍華賺得錢還要多些。

1929，股災；1930，巴菲特誕生

「我就是在 1929 年 11 月 30 日或者那兩天前後被開始孕育。所以，我對大崩盤總有種特殊的感覺。」

西元 1930 年 8 月 30 日，霍華‧巴菲特在一場暴雨中迎來了他那 2 公斤多的早產兒，他當時肯定不知道，自己的這個兒子會成為一個影響全球金融市場的人物。

嚴格算起來，巴菲特的母親懷胎時正巧在 1929 年 10 月大股災發生後，這或許是一種巧合，或許冥冥中有著某一種暗示。至少，巴菲特本人對這次股災有著一種特殊的情感：

「我相當喜歡 1929 年，因為那是我的一切開始的時候，那時爸爸是個股票承銷人。在那個秋天，崩盤發生後，他不敢打電話給任何人 ── 所有那些破了產的人。他只好每天下午都待在家裡。那時還沒有電視……」

1929 年的股市大崩潰，引發了全世界長達 10 餘年的經濟衰退，是史上影響最為巨大的一次股災。

1929 年 10 月 24 日，星期四。股市大崩潰的第一天，也為人們燙上了關於股市崩盤的最深刻的烙印。那天，換手的股票達到 1,289,460 股，而且其中的許多股票售價之低足以導致其持有人的希望和美夢破滅。

回過頭來看，災難的發生甚至是毫無徵兆的。開盤時，並沒有出現什麼值得注意的跡象，而且有一段時間股指期貨還非常堅挺，交易量非常大。

突然，股價開始下跌。到了 11 點，股市陷入了瘋狂，人們競相拋盤。到了 11 點半，股市已經完全聽憑盲目無情的恐慌擺布，狂跌不止。自殺風氣從那時起開始蔓延，一個小時內，就有 11 個知名的投機者自殺身亡。

隨後的一段日子，紐約證券交易所迎來了自成立 112 年來最為艱難的一個時期。大崩盤發生，而且持續的時間超過以往經歷的任何一次。而那些活著的投機者，接下來的日子也是生不如死，小弗雷德・施維德（Fred Schwed）在《客戶的遊艇在哪裡》（*Where Are the Customers' Yachts?*）中所言 1929 年股市崩盤故事，成為那一時期投機者的經典寫照：

一個投資者在 1929 年初的財產有 750 萬美元，最初他還保持著理智，用其中的 150 萬購買了自由國債，然後把它交給了自己的妻子，並且告訴她，那將是他們以後所需的一切開銷，如果萬一有一天他再向她要回這些債券，一定不可以給他，因為那時候他已經喪失理智了。

而在 1929 年底，那一天就來了。他就向妻子開口了，說需要追加保證金來保護他投到股市上的另外 600 萬美元。他妻子剛開始拒絕了，但最終還是被他說服了。

故事的結局可想而知，他們以傾家蕩產而告終。

實際上，這種遭遇不僅僅降臨到普通的缺乏理智的投資者身上，即使是一些睿智的經濟學家也沒有逃脫噩運。20 世紀最為著名的經濟學家 —— 凱因斯（John Maynard Keynes），也在此次危機中幾近破產。

像其他人一樣，凱因斯也沒有預料到 1929 年大崩盤，而且還低估了這次危機對美國和世界經濟的影響。凱因斯累積的財富在 1929 年崩盤時受到重創，幾乎變得兩手空空。

後來憑藉著敏銳的判斷力，到西元 1936 年的時候，凱因斯靠投資股市把財富又增長到了 50 萬英鎊以上（相當於現在 4,500 萬美金）。但是在 1938 年的熊市中，他的資金又縮水了 62%。一直到他 1946 年去世，1929 年的崩盤都是他心理上抹不掉的陰影。

儘管股市暴跌最初影響到的只是富人，但這些人是一個

至關重要的群體，其成員掌握著大部分消費收入，構成了最大部分的個人儲蓄和投資來源。因此，股市崩盤導致美國經濟失去了由證券投資盈利形成的對支出的支撐。

股市崩盤以後，控股公司體系和投資信託的崩潰，大幅削弱了借貸能力和為投資籌措資金的意願，這迅速轉化為訂單的減少和失業的增加。

從西元 1929 年 9 月到 1933 年 1 月間，道瓊 30 種工業股票的價格從平均每股 364.9 美元跌落到 62.7 美元，20 種公用事業的股票的平均價格從 141.9 美元跌到 28 美元，20 種鐵路的股票平均價格則從 180 美元跌到了 28.1 美元。

受股市影響，金融動盪也因股市泡沫的破滅而出現。幾千家銀行倒閉、數以萬計的企業關門，1929 至 1933 年，短短的 4 年間出現了四次銀行恐慌。儘管在泡沫崩潰的過程中，直接受到損失的人有限，但銀行無法避免大量呆帳的出現，而銀行系統的問題對所有人造成間接衝擊。

大崩盤之後，隨即發生了大蕭條。大蕭條以與不同以往的嚴重程度持續了 10 個年頭。從西元 1929 年 9 月繁榮的巔峰到 1932 年夏天大蕭條的谷底，道瓊工業指數從 381 點跌至 36 點，縮水 90%，到 1933 年底，美國的國民生產總值幾乎還達不到 1929 年的 1/3。實際產量直到 1937 年才恢復到 1929 年的水準，接著又迅速下滑。直到 1941 年，以美元計算的產值仍然低於 1929 年的水準。1930 ～ 1940 年期間，只有 1937 年全年平均失業人數少於 800 萬。1933 年，大約

有 1,300 萬人失業，幾乎在 4 個勞動力人口中就有 1 個失業。

更嚴重的是，股市崩盤徹底打擊了投資者的信心，一直到 1954 年，美國股市才恢復到 1929 年的水準。

霍華·巴菲特，作為一個證券經紀人，在這次股災中所受到的衝擊自然是難以避免的：他工作的那家銀行倒閉了，他也隨之失業了，而比這些更慘的是，他一生的儲蓄幾乎都存在這家銀行裡，而兩個孩子（包括剛出生的華倫·巴菲特）正嗷嗷待哺，這導致霍華·巴菲特一家的生活日益窘迫。

西元 1932 年，小麥價格暴跌，奧馬哈的農民只有靠救濟度日。在這種情況下，巴菲特一家的生計更為艱難了。巴菲特的母親儘管還能費盡千辛萬苦在餐桌上湊出一頓飯菜來，但卻無法讓全家吃飽。

為了生存，也為了兩個孩子有一個好的成長環境，父親霍華決定重起爐灶，他與好朋友喬治·斯克萊尼卡在法納姆大街的聯邦州立銀行大樓成立了巴菲特·斯克萊尼卡公司，兩人決定一起經營證券投資、市政公司以及債券投資的業務。但這個決定顯然是錯誤的，因為當時的股市在經受了崩盤的洗禮後，已經失去了大眾對它的信任，而眾多投資人也大多心有餘悸，再加上全美小麥價格暴跌導致的經濟危機，大部分人根本沒有閒錢去投資股票，能生存下去就殊為不易了。因此，巴菲特·斯克萊尼卡公司的業務一直辦不起來，不但沒賺到錢，還將好不容易借來的資金倒貼進去不少。儘

管如此，巴菲特的母親還是非常支持丈夫的事業，為了讓丈夫能吃飽肚子去做事，她常常減少自己的飲食；而為了省錢，她甚至在那一段艱苦的歲月裡沒去過一次教堂，因為這樣做能省下來 29 美分。

屋漏偏逢連夜雨。如果說西元 1929 年的股災是華爾街的投機商們樂極生悲闖下的人禍，那麼高度依賴農業經濟的小城奧馬哈受到惡劣氣候的侵擾便屬天災了。塵暴從俄克拉荷馬滾滾湧來，奧馬哈人緊閉房門躲避蝗蟲的侵襲。在巴菲特 4 歲生日的那一天，一陣「灼熱的風」把紙碟和餐巾紙吹落在地，整個前廊都被埋在了紅色的塵土之下。巴菲特和姐姐桃莉絲頂著屋外令人窒息的熱氣，苦苦等待賣冰人從馬拉的貨車上跳下來，遞給他們一些冰片含在嘴裡。到了嚴寒的冬季，情況甚至比炎熱的夏季還要糟糕。巴菲特和姐姐總是裹得厚厚的，商人們打電話付錢時都不敢讓摩托車熄火，以免引擎發動不起來。

不過，幸運的是，到巴菲特開始上學的時候，父親的生意有了一些起色，全家的生活也有所好轉。巴菲特 6 歲時，全家人搬進了郊區的一家磚房裡，這所房子雖然老舊，但至少比原先寬敞了許多，在簡單裝修以後，巴菲特一家開始了新的生活。那一段曾經經歷過的艱苦歲月也隨著時間的流逝逐漸被淡忘。

不過，童年經歷的這些苦難對巴菲特產生了巨大的影響，使他對財富充滿了一種執著的渴望。他在 5 歲之前便有

了這種強烈的渴望，自此之後，就再也沒有絲毫動搖。

行文到這裡，有必要對巴菲特與父母的關係做些簡單的介紹。

巴菲特的父親霍華‧巴菲特是他心目中的「大人物」，為了反羅斯福，還曾絕望地投入一場必輸的眾議員選戰。這位優秀的股票經紀人有著一對迷人的酒窩，他的微笑總是充滿陽光。巴菲特與父親在一起很親密也很開心，他甚至還會和父親開一些比較過頭的玩笑。有一次在教堂裡，巴菲特對唱歌總是走調的父親說：「爸爸，要麼就你唱，要麼就我唱，我們可千萬別一起唱。」

巴菲特的母親萊拉‧斯塔爾是一位賢妻，她是一個非常稱職的妻子。但她稱不上是合格的「良母」，要是孩子們犯了過錯，就更會招致她的咒罵乃至暴打。即便在巴菲特有了兒子以後，他媽媽的這一性格也沒有絲毫改變。一次，巴菲特的兒子打電話給自己的祖母，卻遭到長達兩個小時的數落，在祖母的言語中，他成了一個一無是處的廢物。放下電話，巴菲特的兒子眼中充滿淚水，巴菲特只是淡淡地說：「你終於知道我以前每天過的是怎樣的生活了。」

在日後對巴菲特的採訪中，人們發現，他常大談自己的父親，或「父母親」，但絕不單獨提到「媽媽」。

上面就是巴菲特出生前後的故事，時代與家庭讓巴菲特過分早熟，這或許剝奪了他童年的些許快樂，但也讓他經歷了那些養尊處優的孩子所經歷不到人生，學到了 50 歲的人都

學不到的人生智慧。

數字與股票：少年巴菲特最感興趣的兩件事

巴菲特從小就對數字和股票顯得如飢似渴，可以這樣說，他滿腦子都是賺錢的主意。

從巴菲特上幼兒園開始，他的所有愛好和興趣就幾乎都是圍繞著數字與金錢打轉。6歲左右的時候，他非常痴迷於用秒來精確地記錄時間，並且非常渴望擁有一支碼表。可是他的母親並沒有簡單地送給他這樣一件「重要」的禮物，她會提出一兩個條件，比如得吃龍鬚菜之類的東西，巴菲特沒有任何猶豫地答應了母親的條件，而他最終也得到了一支碼表。

此後的很長一段時間裡，巴菲特的娛樂工具就只是這支碼表。他經常拿著碼表，讓他的姐姐妹妹來到浴室，一起觀看他發明的新遊戲。他先在浴缸裡裝滿水，然後拿起他的彈珠，每個彈珠都有自己的名字。緊接著，他把這些彈珠放在浴缸後面的水平邊緣上，排成一排，然後，他把彈珠掃進水裡，同時按下碼表。彈珠沿著瓷製浴缸的斜面向下滾，發出碰擊聲，然後擊中水面，跳進水中。這些彈珠開始相互追趕，向浴缸塞子滾去。當第一個彈珠到達目的地，巴菲特就會按下碼表，宣布勝利者。不知疲倦的彈珠，不會出錯的碼表，伴隨著童年的巴菲特度過了許多快樂時光，這個遊戲在很多孩子看來或許無聊極了，可巴菲特似乎從不會對這種重

複遊戲感到厭倦。

巴菲特對數字的痴迷到了隨時隨地的地步，即使在教堂也是如此。他喜歡聽牧師布道，但餘下的那些讓他感到無聊；他透過讚美歌的作曲者的出生、死亡日期，來計算他們的壽命，以此娛樂。他認為，修道士應該因為他們的信仰和忠誠而得到獎勵，所以讚美歌的作曲者的壽命應該長於人們的平均壽命。可是透過計算，他發現，真相並非如此。由此，他開始對宗教產生懷疑。

不過，浴缸障礙賽和他所收集的讚美歌的作曲者的資訊教會了他一些其他的事情，一些有價值的事。他學會了計算機率。巴菲特環視周圍，到處都存在可以計算機率的事物。關鍵就在於收集訊息，你能夠找到多少是多少，盡你所能。

巴菲特還經常與朋友鮑勃、拉塞爾等人在拉塞爾家的前廊裡消磨整個下午的時間：看著繁忙的路口，記錄下來來往往的車輛的車牌。等到天黑以後，他就和朋友們回到屋裡，打開一份《奧馬哈世界先驅報》，開始計算每個字母在上面出現的次數，在草稿紙上密密麻麻地寫滿變化的數字。

7 歲時，有一次，巴菲特發高燒住進了醫院。他在病床上用鉛筆在紙上寫滿數字。他對護士說，數字代表著他未來的財產。他說：「現在我雖然沒有太多錢，但是總有一天，我會很富有。我的照片也會出現在報紙上。」

父親霍華從事證券經紀業務，這多少對巴菲特產生了一些商業薰陶。而《賺到 100 美元的 1000 招》這本書則對巴

菲特產生了最直接的影響，他參照這本書的建議，不斷嘗試著賺錢的方式：5 歲時，他就在家中擺地攤兜售口香糖；6 歲時，他花 25 美分買了一個裝有 6 瓶可樂的手提式厚紙板箱，然後以每罐 5 分錢的價格兜售給同學或是夥伴，從中淨賺 5 分錢；平時，他要替父親挨家挨戶地兜售蘇打飲料；稍大後，他帶領朋友到球場撿富人用過的高爾夫球，然後轉手倒賣，生意還算不錯；上中學時，巴菲特開始利用課餘時間做報童，有一段時間，他每天要走 5 條線路送五百份報紙，主要是投送給公寓大樓裡的住戶；他還與朋友合夥將彈子球遊戲機出租給理髮店老闆們，賺取外快。後來，在他整個的經商過程中，他的利潤率一直保持在 20% 以上，成為身價幾百億的起級富翁，不能不說，這與他小時候接受的商業訓練有著很大的關係。

除了做生意賺錢，受父親的影響，巴菲特從小對透過股票賺錢的手段也特別著迷，當其他孩子還在玩飛機模型、棒球或賽馬的時候，他卻一門心思盯著華爾街的股市行情圖表，像大人一樣，專心致志地畫出各種股票價格波動的曲線，畫得像模像樣，使得他的父親驚嘆不已。

11 歲時，巴菲特鼓動姐姐與自己共同購買股票，他們合資買了 3 股「城市服務公司」的股票，每股 38 美元。他滿懷信心地等待出手賺錢。然而，該股不斷下跌，姐姐很氣憤，不斷埋怨他選錯了股。值得慶幸的是，該股價格很快反彈，上漲到每股 40 美元，小巴菲特沉不住氣了，將股票全部

出手，賺了 6 美元。正當他得意的時候，該股價格狂升，姐姐又埋怨他賣早了。

這是巴菲特第一次涉足股市，賺得不多，收穫了教訓：在股市中一定要不為震盪所動，相信自己的判斷，持之以恆。

在接受《富比士》雜誌的採訪時，巴菲特曾這樣說：「從 11 歲時我就對股票非常感興趣。那時，我在哈里斯·尤浦漢姆公司打工，負責在木板上做標記，我父親是那裡的股票經紀人。我負責全面的工作，從股市行情提示到製圖資料，所有的一切。當做完這一切後，我就拿起葛拉漢的《證券分析》來讀，閱讀這本書就好像是在茫茫黑夜看到了來自遠處的燈光。」

巴菲特不斷地在股市中嘗試，不斷總結經驗，加上父母的指點，小獲成果。國中剛畢業，他就用投資賺的錢在拉斯維加斯州購置了一塊 40 畝的農場，成為一個「小地主」。正因為小時候的投資經驗，鍛造出巴菲特決定長線投資的心態。巴菲特選擇投資目標時，從來不會把自己當做市場分析師去預測，而是把自己視為企業經營者。巴菲特非常反對短線交易，認為那只是浪費時間及金錢的行為而已，而且會影響到操作績效。巴菲特曾說：「我從不打算在買入股票的次日就賺錢，我買入股票時，總是會先假設明天交易所就會關門，5 年之後才又重新打開，恢復交易。」他告誡投資者，任何一種股票，如果你沒有把握能夠持有 10 年的話，那就連

10 分鐘都不必考慮持有。

　　進入高中，巴菲特一邊學習，一邊投資，興趣越來越濃，也越來越傾向到大學攻讀金融學。21 歲時，巴菲特在股市獲利達 9,800 美元，這筆錢是他日後賺錢的「種子」，是巴菲特致富的孵化器。

巴菲特也曾是不良少年

　　叛逆、成績差、逃漏稅甚至偷東西，這些都曾是少年巴菲特的斑斑劣跡。那麼，是什麼讓他迷途知返的呢？

　　今天的巴菲特名滿全球，人們通常看到他的形象都是慈祥和藹、循循善誘，捐出自己財富的 85% 的行為，也為其奠定了史上最慷慨的慈善家形象。可誰又能想到，少年時，股神卻一度是一個愛錢如命、錙銖必較、個性叛逆的不良少年。「巴菲特如果望著北斗七星，他看見的會是一個錢的符號。」美國有一位巴菲特研究專家曾做過這樣的比喻。

　　上文我們已經說過，巴菲特從小就有賺錢的頭腦，也極為痴迷於賺錢。可是在上學期間，會賺錢並沒有讓他贏得同學的尊敬，而個性上的「搞門」甚至讓他「臭」名遠揚。巴菲特體育成績欠佳，除了在數學課上可以展現其對數字的出眾才華外，內向的巴菲特始終找不到一個證實自己的好方法。而在其 12 歲那年冬天，巴菲特舉家遷往華盛頓特區。離開從小長大的故鄉，害羞、內向的巴菲特，遇到了大麻煩。加上正逢青春期的叛逆，巴菲特開始以各種極端的方法來證

實自己存在。回憶起那一段少年時光，巴菲特曾這樣形容自己：「我沒了舊朋友，又交不到新朋友……我運動神經不太發達，沒有融入團體的門票。」雖然，巴菲特參加了棒球隊和足球隊，但因為他近視，又不喜歡野蠻的碰撞，所以也混得不怎麼樣。另一方面，巴菲特的學習成績也從剛開始時的 A 逐漸開始下降，唯一特別的是打字課成績一直很高。

到了中學二、三年級的時候，巴菲特越來越叛逆，他甚至開始和同學一起偷東西。他們會跑到城裡的百貨，「我們就明目張膽地在那裡偷了起來，會偷我們完全不需要的東西。」巴菲特這樣說。他偷了一大堆用不著的高爾夫球，一直放在抽屜裡，從來沒用過，也沒拿出去賣。在那段時間，偷竊、說謊、惡作劇，乃至唆使同學光著身體在高爾夫球場池塘裡游泳，種種劣跡，巴菲特樣樣都做過。

13 歲那年，巴菲特靠送報賺了 1,000 多美元，並向美國政府交納了生平第一筆稅。不過，此時的巴菲特卻開始學會了逃漏稅金。這一年，他用自己購買的自行車作為工作開支，抵掉了 35 美元的稅金。

中學畢業典禮的時候，巴菲特的叛逆發展到了極致。學生們被告知參加畢業典禮應該穿西裝、打領帶，可巴菲特卻拒絕這麼做，這種行為在校方看來非常嚴重，也非常令老師們厭惡，巴菲特在他們眼裡成為搗蛋鬼的代名詞，有些老師甚至認為，叛逆的巴菲特將就此成為一個一無是處的禍害。

如果照這樣發展下去，那麼，恐怕這個世界會多一個高

智商的犯罪分子，而少一個影響全球的股神。幸運的是，巴菲特的父母並沒有放棄他，不斷地鼓勵他向好的方面發展，這讓巴菲特產生了悔意。更為幸運的是，在這個非常的時刻，巴菲特遇到了一本影響自己一生的書，這就是成功學大師戴爾‧卡內基（Dale Carnegie）的書。至今，在巴菲特辦公室的牆上還懸掛著戴爾‧卡內基課程的畢業證書。巴菲特興奮地發現卡內基講的東西是對的，這本書可幫助他「很快、而且很容易交到新朋友」，並「受人歡迎」，自己再不用去做那些「叛逆」的事情去吸引別人的眼球。從此，巴菲特的性格得到了很大轉變，他待人真誠、與人為善，而越來越多人也開始喜歡跟他相處。

名師高徒，巴菲特的「精神之父」葛拉漢

　　葛拉漢（Benjamin Graham）是巴菲特走向股神之位的里程碑式的人物，沒有葛拉漢的教導，巴菲特或許也會成為一個成功的商人，但絕對不會有今天的成就。

　　股市向來被視為菁英聚集之地，華爾街則是衡量一個人智慧與膽識的決定性場所。班傑明‧葛拉漢作為一代宗師，他的金融分析學說在投資領域產生了極為巨大的震撼，影響了華爾街三代重要的投資者，如今活躍在華爾街的數十位財產上億的投資管理人都自稱為葛拉漢的忠實信徒，這其中最著名的便是巴菲特。當他讀了葛拉漢的經典著作《智慧型股票投資人》後，感覺「就像找到了上帝」，巴菲特自稱：「在

我的血液裡，流著 80% 葛拉漢的血」。

在美國，葛拉漢享有「華爾街教父」的美譽。《超級貨幣》的作者亞當‧史密斯（George J.W. Goodman）曾如是說：「如果證券分析可以算是一種職業，那麼這個職業中只有一個教頭。葛拉漢之所以無可爭議地獲得了這個地位，是因為在他之前並沒有這種職業，而在他之後，人們開始將它視為一種職業了。」

班傑明‧葛拉漢，西元 1894 年 5 月 9 日出生於英國倫敦。

葛拉漢一出生，就跟隨經商的父親開始了一系列的遷移。從英格蘭的伯明罕到倫敦，後來乾脆遷往了美國，踏上新國家的土地。那時的葛拉漢尚不滿一周歲，在這之後的幾十年時間裡，美國成為了孕育這位經濟奇才的土壤，他年輕的心臟和這個年輕的國家一起強勁地跳動起來。

葛拉漢的童年非常苦澀，初到美國，一家人的生活非常艱辛，在葛拉漢 9 歲那年，他的父親因病在 35 歲的壯年辭別了人世，一家人與堅強的母親相依為命。而生活對這一家人的打擊還遠遠沒有結束。西元 1907 年初，葛拉漢的母親多娜在找不到投資方向的情況下把大部分的積蓄拿到股市上去碰碰運氣，到 1907 年底的時候，股市狂跌了 49%，一家人的全部財產就這樣在股災中被無情的吞噬了，正是從母親那沉痛而憔悴的臉上，少年葛拉漢讀到了股市這本複雜之書的第一頁。

　　青年時期的葛拉漢以出類拔萃的成績考上了美國的名校之一哥倫比亞大學。1914 年夏天，葛拉漢以榮譽畢業生和全班第二名的成績順利地從哥侖比亞大學畢業，在畢業後的職業選擇上，迫於生活的壓力，他毅然放棄了留校任教的機會，選擇去華爾街工作。

　　在華爾街，葛拉漢從最底層的工作起步，那個年代沒什麼證券分析家，只有統計員，經過多年的打拚，到 1929 年為止葛拉漢帳戶的資金已達 250 萬，但股災接踵而來，儘管葛拉漢非常小心謹慎，但還是損失了 20% 的財產。之後，他以為最糟糕的已經過去，於是又貸款來投資股票，結果一跌再跌，那次大危機的唯一特點是「一個噩耗接著一個噩耗，糟的越來越糟」，1932 年，葛拉漢的財產損失 70% 之多。

　　葛拉漢在華爾街慘遭重創和苦苦支撐的時期，也正是他關於證券分析理論和投資操作技巧日漸成熟的時期。1934 年年底，葛拉漢終於完成了醞釀已久的《證券分析》這部劃時代的著作，並由此奠定了他作為一個證券分析大師和「華爾街教父」的不朽地位。

　　葛拉漢認為，對於一個被視為投資的證券來說，本金必須有某種程度的安全性和滿意的報酬率。當然，所謂安全並不是指絕對安全，而是指在合理的條件下投資應不至於虧本。一旦發生極不尋常或者意想不到的突發事件也會使安全性較高的債券頃刻間變成廢紙。而滿意的報酬不僅包括股息或利息收入，而且包括價格增值。葛拉漢特別指出，所謂

「滿意」是一個主觀性的詞，只要投資者做得明智，並在投資定義的界限內，投資報酬可以是任何數量，即使很低，也可稱為是「滿意的」。判斷一個人是投資者還是投機者，關鍵就在於他的動機。

葛拉漢成為世界上運用數量分析法來選股的第一人。他提出了普通股投資的數量分析方法，解決了投資者的迫切問題，使投資者可以正確判斷一支股票的價值，以便決定對一支股票的投資取捨。

西元 1956 年，雖然華爾街仍處於上升趨勢之中，但葛拉漢卻感到厭倦了。對他而言，金錢並不重要，重要的是他在華爾街找到了一條正確的道路，並將這條道路毫無保留地指給了廣大投資者。所以，在華爾街奮鬥 42 年的葛拉漢決定就此隱退。

由於找不到合適的人接管葛拉漢・紐曼公司（由葛拉漢與他的黃金搭擋傑羅姆・紐曼共同創立的投資公司），公司不得不宣布解散。葛拉漢選擇加州大學開始了他的執教生涯，他想把他的思想傳播給更多的人。

也就是在西元 1956 年，葛拉漢在哥倫比亞大學的一位學生開始了自己的投資生涯。這個學生從 1950 年就開始聆聽和學習葛拉漢的證券分析課程，曾經得到這門學科的歷史最高分，此後他又幫助葛拉漢做了許多投資分析工作。這個學生就是本書的主人公華倫・巴菲特。

西元 1950 年的秋天，巴菲特離開奧馬哈，來到了紐約，

進入哥倫比亞大學就讀。

從 1929 年 2 月開始，葛拉漢就在這裡兼職教授高級證券分析課，到了這時已經有 21 個年頭了，無數的人從這個講座收益，也由此成就了葛拉漢「華爾街教父」的聲譽。

當時的葛拉漢門下，有 20 名學生，巴菲特是年紀最小的一個，他的那些師兄學長，大多比他年長許多，這些人已經在華爾街混了有一些年頭了。但在葛拉漢的課上，巴菲特卻是最活躍的學生。每次葛拉漢一提出問題，大多數都是巴菲特把手舉的高高的，搶著要回答問題。對於巴菲特的回答，葛拉漢很少給出自己的判斷，說這個是錯的，那個是不對的。葛拉漢通常會說：「你的回答很有意思，你是基於何種理由得出這個結論呢？」然後，巴菲特就會興致勃勃地解釋一番，擺出自己的觀點，拿出自己的證據。兩人的學術討論，令一旁的同學們印象深刻。巴菲特的同學傑克・亞歷山大記憶深刻：「華倫大概是班上年紀最小的一個，但無疑是最早熟的一個學生。他好像知道所有答案，他總是舉起手來，引發大家的討論。他懷有無比的熱情，總是比其他任何人都有更多的東西要表達！」

葛拉漢的教學方式，沒有空泛的理論，都是完全基於實踐。他的講座談論的是真實的股票，學生們在下課之後，甚至直接就可以到股市上賺一筆。有一次上課，葛拉漢分析了兩張差別巨大的資產負債表，後來才告訴他的學生，這其實都是波音公司的資產負債表，不過一張是週期高峰的資產

負債表，另一張是週期低谷的資產負債表。在一次布置的作業中，葛拉漢要求巴菲特調查交易價位低於 5.3 美元股票的業績。

巴菲特一向討厭那些空洞無物的理論教學，而在葛拉漢這裡，巴菲特無疑找到了他最想要學習的東西和他最喜歡的教學方式。在葛拉漢的指點之下，巴菲特如魚得水，如飢似渴地吸收著價值投資的思想，系統地學習了價值評估的理論和技術，還有如何閱讀財務報表，並且從每一個細節中，發現可能存在的問題。巴菲特把學到的知識，不斷地運用到實踐之中，憑藉他以前累積的財富，在股市中屢試身手。這不僅為他贏得了金錢，也讓他學習到的投資理論得到了很好的驗證。

大學畢業以後，巴菲特回到了家鄉奧馬哈工作，但並沒有因此與恩師葛拉漢失去聯絡，他經常寫信給葛拉漢，向其請教關於股票方面的問題，並不斷提出想到葛拉漢所開設的公司工作的想法。經過一番曲折，最終，巴菲特的夢想得到了實現，他進入了葛拉漢的公司，成為了葛拉漢‧紐曼公司的一名初級職員。之後，他對西元 1926 年～ 1956 年間公司整個歷史的套利交易所得進行了詳細地研究。他發現來自套利交易的年平均收益率為 20%。巴菲特吸收了葛拉漢‧紐曼公司所使用的這種套利交易的竅門。從那以後，他在使用這種方法的過程中不斷地對這種方法加以完善。

巴菲特在葛拉漢‧紐曼工作了兩年，直到葛拉漢於西元

1956 年解散了他的公司，並退了休。巴菲特在葛拉漢‧紐曼公司的工作非常優秀，但遺憾的是，葛拉漢從來沒有給過巴菲特錢讓他進行投資，這是令巴菲特很失意的一件事，巴菲特後來說：「他也許從沒有在意過。但這正是我和他在一起感到沮喪的原因。」

儘管如此，葛拉漢對巴菲特的影響依然巨大。他不僅是巴菲特的導師，還是巴菲特在股票市場上的引路人，他教會了巴菲特該如何選擇股票的系統方法，而在掌握這些方法之前，股票在巴菲特眼裡，只是一個賺錢的手段，與賭博並沒有不一樣的地方。

一般認為，巴菲特從葛拉漢身上主要學到了以下三點：

‧擁有一支股票是擁有一家企業一小部分的權利，是你願意為整個企業所支付價格的某一部分。

‧使用安全邊際（margin of safety）。投資是建立在估計和不確定性的基礎之上的。大範圍的安全邊際保證了不會因為誤差而導致失敗。

‧「市場先生」是你的僕人，而不是你的主人。葛拉漢假設了一個喜怒無常的角色叫「市場先生」，他每天都會提供股票買賣的機會，而這些價格經常都是不合理的。「市場先生」的情緒不應該影響你對價格的看法。不

過，他真的會一次又一次地提供低買高賣的機會。

收穫愛情

巴菲特深愛著妻子蘇珊，他曾經說是蘇珊把自己整合成一個完整的人，是她的愛情把他的靈魂和心靈融合成一個整體。

事實上，少年時期的巴菲特並不是一個招女生喜歡的男生。他長相一般，喜歡獨來獨往，有點不太合群，而且叛逆，另外，他的年齡也相對偏小，這一切讓他很難吸引到女生的目光。就像巴菲特自己所說的：「在班裡我不是最受歡迎的人，然而也不是最不受歡迎的人。我只是一個無足輕重的人。」可是，這些都不能阻擋一個少年對愛情最初的渴望。其實，在認識妻子蘇珊之前，巴菲特就有過兩次戀愛經歷。

還在他上國中的那段時間裡，巴菲特就開始追求一個叫卡洛琳·福克的女生，後來成為彼得·基威特父子公司集團老闆的沃爾特·斯科特也在追求她，並最終獲取了她的芳心，兩人結了婚。對於這次失戀，巴菲特有著略顯遺憾卻又非常大度的評價：「不幸的是，最優秀的人贏得了美人心。」

在哥倫比亞大學讀書時，巴菲特又喜歡上了一位女孩。可當他發現好朋友比爾·柯瑞斯泰森也在跟這位女孩約會時，他選擇了退出以成人之美。

後來，從內布拉斯加州弗裡蒙特市的米德蘭大學退休的歷史學教授比爾·柯瑞斯泰森笑著說：「那位女孩曾告訴我

說，有一天，巴菲特會成為一位富翁的。」他還說，那位女孩後來並沒有和自己結婚，而是嫁給了別人，目前住在科羅拉多州，多年來他一直與她開玩笑說：當時為什麼不嫁給巴菲特呢？

西元 1951 年，巴菲特從哥倫比亞大學畢業。之後的幾年是他人生中最關鍵的時候，在這一階段，他選定了一生的事業，也最終選定了自己的愛人 —— 蘇珊‧湯普森。

大學畢業以後，美國剛剛經歷經濟危機的動盪，巴菲特的家人和朋友都勸他等下一次經濟蕭條之後再投身股市，此前不妨找一份穩定的工作。巴菲特經過慎重考慮，堅持了自己的選擇。

在愛情上，巴菲特同樣堅持了自己的選擇。這一年，他遇到了未來的妻子蘇珊‧湯普森。蘇珊年輕時代有著明媚的笑臉、圓圓的下巴和黑黑的頭髮，巴菲特第一眼就愛上了她。巴菲特和蘇珊兩家的淵源很深，蘇珊的父親是奧馬哈市著名的部長和心理學教授，和巴菲特的父親霍華是老朋友。更為巧合的是，蘇珊在西北大學讀書的時候，和巴菲特的姐姐住在同一間宿舍。

蘇珊年少多病，曾經多次耳膜穿孔，並長期忍受風濕病的困擾。蘇珊的父母對她顯示出寬厚的愛和包容，這讓蘇珊從小就感覺到，關懷他人是一件很自然的事。她天生富有同情心，與人見面經常問候，總能引起人心的悸動。後來證明，蘇珊的這種愛人如己的性格深刻影響了巴菲特的情感和

人生。

　　巴菲特和蘇珊兩家的交往並沒有為巴菲特的愛情帶來多少好運。巴菲特擅長並熱衷的數字遊戲對蘇珊來說既無趣又荒誕，每次巴菲特熱情洋溢地從前門走進，渴望見到他愛的女孩時，蘇珊總是偷偷地從後門溜走，去見她心中的白馬王子——密爾頓·布朗，一個聯合太平洋公司郵件搬運員的兒子，早在高中時代，兩人就已經開始了戀情。

　　在那段時間，巴菲特經常對蘇珊說的一句話是：「有一天，我會變得非常富有。」巴菲特並沒有說謊，若干年後，他成了全世界最富有的人，多次高居世界富豪榜首位。不過那時，這句話對處在熱戀中的蘇珊來說並沒有多大的說服力，吸引力更等於零。無奈之下，巴菲特只好旁敲側擊，在蘇珊的父親身上下工夫。蘇珊的父親湯普森對這個長相平平、但非常聰明的故交之子非常欣賞，蘇珊對父親極其尊重，再加上密爾頓·布朗是個猶太人，雙方的宗教信仰有所分歧，最終，她還是和布朗分手了。這一切，都沒有逃過巴菲特的眼睛，他一直密切關注著事態的發展，現在，演出仍在繼續，只是主角已經換人。巴菲特和蘇珊開始頻頻幽會。蘇珊驚奇地發現，這個男孩子並不像自己當初想像的那樣呆板，事實上，他有相當獨特的幽默感，而且頭腦清晰、判斷準確，蘇珊感到自己被深深地吸引，兩個人的泛泛之交很快昇華到激烈的愛情。蘇珊的姑媽回憶說：「他們彼此瘋狂地迷戀著，他們互相坐在對方的大腿上接吻，這真是太可怕

了。」

在現在很多的年輕人看來，巴菲特這個低調而刻板的富豪不可能會有這麼熱烈的愛情，可這的確是事實。在巴菲特看來，蘇珊具有深刻的理解力和偉大的愛心，而這正是他最需要的東西。因為，上文我們已經說過，在巴菲特的童年時代，不缺少父愛，唯獨母親對他造成了一定的創傷。這種創傷在蘇珊那裡得到了撫慰，蘇珊愛心漫溢的心靈對巴菲特來說是療傷的聖藥。巴菲特說，蘇珊就像一個出色的醫生，把自己心靈的荊棘一根根摘掉。他還說，自己一直是個孤獨的人，直到遇到蘇珊才有所改變。蘇珊對待巴菲特像對待一個大孩子，而巴菲特對蘇珊也非常依賴，他讓她付錢，由她照顧孩子，除了生意，幾乎任何事他都交給蘇珊來打理。每當蘇珊走進房間，巴菲特的臉就會一下子明亮起來，蘇珊用手指梳理他的頭髮，為他整理襯衫和領帶，坐在他的腿上，緊緊地抱著他，這時候，巴菲特是最安全最幸福的，遠離了嚴厲的母親，也遠離了生意場的爭鬥，他的眼中只有蘇珊一個人。

21 歲的時候，巴菲特與蘇珊結婚，兩人住在一套每月65 美元租來的三居室公寓裡，房間很破敗，經常有老鼠出沒，這樣的生活和巴菲特承諾過的「富有」簡直是相差太遠了。他們有了自己的女兒，但是當時還錙銖必較的巴菲特根本不願意花錢去為女兒買一張小床，蘇珊只好把一個抽屜鋪上褥子，把女兒放在裡面。後來，巴菲特的經濟情況改善了

一些，但他仍是不捨得花這筆錢，而是向鄰居借了一張嬰兒床。

貧窮並沒有拆散這對夫妻，但富有卻做了貧窮沒有做到的事情。關於這一點，我們會在後文做詳細介紹。

巴菲特深愛著妻子蘇珊，他曾經說是蘇珊把自己整合成一個完整的人，是她的愛情把他的靈魂和心靈融合成一個整體。因此，他一生始終把蘇珊作為他唯一的妻子。直到蘇珊去世兩年後，才娶了一直照顧他生活 30 年的蒙克斯。

在妻子去世兩週後，巴菲特為佐治亞理工學院的大學生做演講時說：

「當你到了我這個年紀的時候，你們認為自己成功的標準就是，有多少人在真正關心你，你也希望得到他們的關心。」
「獲得關愛最大的麻煩是用錢也買不來的。」
「你付出的愛越多，你得到的愛才會越多。」

菲利普‧費雪與巴菲特

葛拉漢與費雪運用各自的理論在實踐中並沒有取得最優秀的業績，而且都出現過重大失敗，只有巴菲特完美地結合了這兩種理論，融合於自己的投資實踐，最終，取得今天輝煌的成就。

也就是在為恩師葛拉漢的公司工作的那一段時間，巴菲特注意到了另一位投資大師菲利普‧費雪（Philip A.

Fisher)。菲利普·費雪被視為現代投資理論的開路先鋒之一，成長股價值投資策略之父，教父級的投資大師，華爾街極受尊重和推崇的投資專家。

費雪 1907 年生於美國加州，父親是個醫生。小時候的費雪就知道股票市場的存在以及股價變動帶來的機會。事情緣於費雪上小學時，有一天下課後，她去看望祖母，恰好一位伯父正與祖母談論未來工商業的不景氣，以及股票可能受到的影響。費雪說：「一個全新的世界開始展現在我的眼前。」兩人雖然只討論了 10 分鐘，但是小費雪卻聽得津津有味。不久，費雪就開始買賣股票。1920 年代是美股狂熱的年代，費雪也在這個時候賺到了一些錢。然而他的父親對於他買賣股票的事情很不高興，認為這只是賭博。

西元 1928 年，費雪畢業於史丹佛大學商學院。1928 年 5 月，舊金山國民銀行到商學研究所聘用一名主修投資的研究生，費雪爭取到這個機會，受聘於該銀行擔任一名證券統計員（即是後來的證券分析師）。由此，開始了他的投資生涯。

1929 年，美股仍然漲個不停，但費雪評估美國基本產業的前景時，看到許多產業出現供需問題，前景相當不穩。1929 年 8 月，他向銀行高級主管提交一份「25 年來最嚴重的大空頭市場將展開」的報告，這可以說是這位投資大師一生中最令人讚嘆的股市預測，可惜費雪「看空做多」。他說：「我免不了被股市的魅力所惑。於是我到處尋找一些還算便宜的

股票,以及值得投資的對象,因為它們還沒漲到位。」他投入幾千美元到 3 支股票中。這 3 支股票均是低價股,一家是火車頭公司,一家是廣告看板公司,另一家是出租汽車公司。美股終於崩潰!儘管費雪預測無線電股將暴跌,但是他持有的 3 只股票亦好不了多少,到 1932 年,他損失慘重。

西元 1930 年 1 月,費雪當上部門主管。不久,一家經紀公司高薪挖角費雪。這家經紀公司給予他相當大的自由,他可以自由選取股票進行分析,然後將報告分發給公司的營業員參考,以幫助他們推廣業務。可是,費雪只工作了 8 個月,這家公司就倒閉了,股市崩潰給金融行業帶來的衝擊是巨大的。費雪又做了一段時間的文書作業員 —— 這是其當時唯一能找到的工作,他覺得「很沒意思」,之後再也按捺不住,他決心開創自己的事業。費雪所嚮往的事業是管理客戶的投資事務,向客戶收取費用 —— 投資顧問。

西元 1931 年 3 月 1 日,費雪終於開始了投資顧問的生涯,他創立費雪投資管理諮詢公司。最初他的辦公室很小,沒有窗戶,只能容下一張桌子和兩張椅子。到 1935 年,費雪已經擁有一批非常忠誠的客戶,其事業亦獲利可觀。其後費雪的事業進展順利。

珍珠港事件之後,太平洋戰爭爆發,美國被迫捲入第二次世界大戰。費雪於西元 1942 ～ 1946 年服役 3 年半。他在陸軍航空兵團當地勤官,處理各種商業相關工作。服役期間,費雪思考著如何壯大自己的事業。戰前,費雪投資管理

諮詢公司服務大眾，不管資金大小；戰後，他打算只服務於一小群大戶，這樣一來可以集中精力選取高成長的股票向客戶推薦。

不久費雪的投資顧問事業重新開張。1947 年春，他向客戶推薦道氏化工，這是他花了三個月研究調查的結果。

西元 1954 ～ 1969 年是費雪最為輝煌的 15 年。他所投資的股票升幅遠遠超越指數。1955 年買進的德州儀器到 1962 年升了 14 倍，隨後德州儀器暴跌 80%，但隨後幾年又再度創出新高，比 1962 年的最高點高出一倍以上，換言之比 1955 年的價格高出 30 倍。

西元 1960 年代中後期，費雪開始投資摩托羅拉，持有 21 年，股價上升了 19 倍 —— 即 21 年內股價由 1 美元上升至 20 美元。不計算股利，每年平均成長 15.5%。

1961 和 1963 年費雪受聘於史丹佛大學商學研究所教授高級投資課程。

作為一名超一流的投資大師，費雪在早期的知名度並不高，這與他的處事低調有很大的關係。可是，在 1959 年，當他的名作《怎樣選擇成長股》問世後，迅即引起了轟動，該書很快登上了《紐約時報》暢銷書排行棒的前幾名，「成長股」這一概念也隨著該書的暢銷而為眾多投資者所接受，尋找「成長股」也從此成為了美國國內的主流投資理念。直到今天，這本書依然是眾多股市專業人士必備的經典之作。

在巴菲特未接觸到費雪的投資思想之前，他基本上遵循

的是恩師葛拉漢的投資原則。尤其是我們上文提到的安全邊際、內在價值及市場先生三大原則，這三大原則使得巴菲特的投資業績明顯改善。但是巴菲特運用葛拉漢所教授的方法尋找一些便宜股票時，卻發現很不奏效，這使得巴菲特認識到葛拉漢的投資思想也有其缺陷和不足之處。

當巴菲特讀了《怎樣選擇成長股》，心情非常激動，便立刻去找費雪請教。見面之後，經過一番交流，巴菲特深為費雪的投資思想所折服，對費雪的成長股投資策略非常推崇。巴菲特說：「當我和他見面的時候，我對他這個人和他的思想都留下了深刻的印象。他和葛拉漢很像，他表現得謙虛而大方，是一個很特別的老師。」費雪也非常欣賞這位謙遜好學的年輕人，答應收其為徒。此後，費雪將自己關於投資的理論精華和實戰經驗毫無保留地傳授給了巴菲特，使巴菲特的投資藝術更加趨於完美。

那麼，巴菲特到底從費雪身上學到了什麼呢？

如果說葛拉漢的投資原則使巴菲特永不虧損，那麼費雪則使巴菲特在永不虧損的前提下迅速累積財富。葛拉漢與費雪的投資策略各有長處，然而卻有巨大的不同。

第一，葛拉漢只關注股價相對於其內在價值是否便宜，有無安全邊際，至於公司業務、管理、盈利成長則不在其考慮之列，如其所言的「一視同仁地單純以股票的吸引力作為評估標準」。而費雪則異常重視公司的產業前景、業務、管理及盈利成長能力，把公司的管理階層必須誠實且具備充分的

才能作為選股的前提。葛拉漢投資策略的致命缺點是只買入便宜股票，而費雪全力尋找收益將大幅成長的「真正傑出的公司」的策略，則剛好修正了這個「缺點」。後來巴菲特在反思前 25 年的投資歷程時說：「以合理的價格買下一家好公司要比用便宜的價格買下一家普通的公司好得多。」這個遲來的結論與費雪完全相似，毫無二致。從此，巴菲特的投資業績有了大幅度成長。這就是費雪持續競爭優勢的投資原則。

　　第二，葛拉漢認為，投資組合應該多元化，如果只買入一支或兩支股票可能業績很差，僅有安全邊際並不能保證一定獲利。而費雪認為，因為人的精力有限，如果過度分散化，勢必造成投資者買入許多了解不充分的公司股票，這樣的結果可能比集中還要危險。費雪指出，「不要只顧持有很多股票，只有最好的股票才值得買。就普通股來說，多不見得好」。「把蛋放到太多籃子裡，一定會有很多蛋沒有放進好籃子，而且我們不能在蛋放進之後，時時盯著所有的籃子」。巴菲特後來談到這一點時也說：「如果你是一位學有專長的投資者，能夠了解企業的經濟狀況，並能夠發現 5 ～ 10 家具有長期競爭優勢的價格合理的公司，那麼，傳統的分散投資對你來說就毫無意義，那樣做反而會損害你的投資成果並增加投資風險」。事實上，巴菲特正是靠了為數不多的幾支股票便累積起巨額財富。這便是費雪的集中投資原則。

　　第三，葛拉漢認為，如果一支股票在未來兩年內不能達到獲利 50％ 目標的，應該在兩年期滿後賣出。而費雪認為，

只有在三種情形下才考慮賣出：1、原始買入所犯下的錯誤情況越來越明顯；2、公司營運每況愈下；3、發現另一家前景更好的成長股，賣出相對成長性不夠好的股票。「如果當初買進普通股時，事情做的很正確，則賣出時機幾乎永遠不會到來」，僅僅因為市場波動來決定賣出的理由是荒謬的。對此，巴菲特完全贊同費雪的觀點，他說：「我們從不考慮在什麼時候或以什麼價格出售，實際上，我們願意無限期地持股，只要我們預期這家公司的內在價值能以令人滿意的速度增加。」這就是費雪長期持有的投資原則。

雖然巴菲特聲稱，「我的投資理念，85％來自葛拉漢，15％來自費雪。」但是他又說：「如果我只學習葛拉漢一個人的思想，就不會像今天這麼富有。」很顯然，如果巴菲特只運用葛拉漢的投資原則，他可以戰勝市場，也可以賺到錢，但肯定不會遠遠超出其他投資者的投資收益。

卷二
創業篇 —— 一個美國資本家的成長史

「我無法忍受一生之中有什麼東西是我想要卻無法擁有的。」

創業，由 100 美元開始……

好的開始是成功的一半，創業之初，作為主要負責人和合夥人之一，巴菲特只象徵性地出資了 100 美元，但這並不能阻擋他由此奔向財富之王的寶座。

西元 1956 年的春天，巴菲特告別了葛拉漢，回到了奧馬哈，他和妻子蘇珊在奧馬哈安德伍德大街 5202 號租下了一間房子。1950 年，巴菲特隻身奔赴紐約，拜入葛拉漢門下的時候，他的全部個人資產只有 9,800 美元，但是經過這幾年成功的投資，以及葛拉漢‧紐曼公司豐厚的薪水，這時他的身家已經達到了 17.4 萬美元。

1956 年的 17.4 萬美元，儘管距離巴菲特心中百萬富翁的夢想還比較遠，但在那時也不是一個小數目。如果按照美國 50 年來的平均通貨膨脹率來計算，1956 年的 17.4 萬美元，大致相當於今日將近 200 萬美元。回憶起當時的情景，巴菲特感慨良多：「那時，我大約有 17.4 萬美元，我在奧馬哈安德伍德大街 5202 號租下了一間房子，每個月付 175 美元房租。我們每年的生活費用是 12,000 美元，而我的資產還在成長。我可以退休了。」

的確，如果巴菲特願意，在 1956 年，在自己還不到 26 歲的時候，他就可以選擇退休了。如果節儉一點，這筆錢放在銀行收取的利息，也近乎可以維持巴菲特一家人一輩子的生活了。但是，巴菲特當然不會這麼做，投資是他最擅長也

是他最喜歡的事情，他相信自己能夠比銀行賺得多的多。從
1950 年開始，他的資產每年的複合成長率都超過 60％。這
是一個驚人的速度，但是還不足以讓巴菲特滿意。如今，有
了更多的經驗和智慧，巴菲特相信自己完全可以做得更好。
於是，巴菲特決定成立一個合夥人投資企業，也就是一個私
募基金，類似自己熟悉的葛拉漢・紐曼公司。在這家公司工
作期間，巴菲特對於基金的管理和運營，已經有了深刻的認
識，完全有能力獨立經營一家自己的基金公司。

　　26 歲的巴菲特，看起來就像一個還沒畢業的大學生，雖
然師出名門，在紐約投資界也有一點薄名，但是在奧馬哈這
個偏僻的中西部城市，他並沒有多大的號召力。況且，受當
時經濟環境的影響，美國中西部人的性格趨於保守，對於東
部華爾街冒險的金錢遊戲並不十分熱衷。這對想要募集資金
的巴菲特來說，無疑造成了非常大的障礙。

　　去哪裡募集資金呢？巴菲特經過一番考慮後，認為「只
有最信任的人，才會把錢交到你的手上！」於是他決定邀請
自己的親人和朋友，加入自己的投資合夥企業。

　　1956 年 5 月 1 日，這是一個重要的日子，巴菲特合夥企
業成立了，一共有 7 個合夥人。

　　以下是巴菲特合夥公司 7 個合夥人的姓名及投資金額：

愛麗斯・巴菲特，35,000 美元（姑姑）；

桃莉絲・伍德，5,000 美元（姐姐）；

杜魯門・伍德，5,000 美元（姐夫）；

威廉・湯普森，25,000 美元（岳父）；

查爾斯・彼得斯，5,000 美元（朋友）；

伊麗莎白・彼得斯，25,000 美元（查爾斯的母親）；

丹尼爾・莫奈，5,000 美元（律師朋友）。

這些都是巴菲特最親密的家人和朋友，一旦投資受損，巴菲特將難以交代。可是，巴菲特對自己的投資能力充滿了信心，他說：「在那之前，我已經將股票賣給了其他人，現在我成為那些對我而言非常重要的人的委託人。他們都很信任我。如果我想過我會失去這些錢，無論任何我也不會要我的姑姑愛麗斯或者姐姐，還有岳父的錢，基於這一點，我認為我不會損失這筆錢。」至於另外的三個合夥人，則是巴菲特最好的朋友。查爾斯・彼德森是巴菲特相交多年的老友，也是巴菲特的大學室友，他接受過巴菲特關於股票的建議，並且賺了一筆，非常了解巴菲特在投資方面的天賦和才華，他說：「我一直很信任他，除非有事實來反證。」於是，查爾斯成為了巴菲特的第五個合夥人，投資了 5,000 美元，此外，他還說服了母親伊麗莎白，將父親逝世時留下的一筆遺產 25,000 萬美元投進了巴菲特的合夥企業。巴菲特的第七個合夥人是丹尼爾・莫奈，他是巴菲特兒時的玩伴，後來成了巴菲特的律師，他的經濟條件並不是太好，可還是盡其所能投資了 5,000 美元。

巴菲特說：「第一批投資者非常信任我。他們一直都對我充滿信心 —— 任何一個人都不可能說服我姑姑賣掉股票，

即使你拿著鐵棍威脅她也沒用。」

　　需要說明的是，巴菲特作為普通合夥人，雖然當時他的身價已有十多萬美元，但他只是象徵性出資 100 美元，這個數目雖然很小，但表明他不再為別人打工賺錢了，而是為屬自己的公司奉獻所有的聰明才智；這 100 美元不但是巴菲特投資生涯的正式起點，也為他的投資人生平添了幾分傳奇色彩。

　　1956 年 5 月 5 日，巴菲特召開了一次合夥人會議，並且給每個人發了一份文檔，文件上印的名字是「基本程序規則」，上面羅列了一些基本原則，其中最重要的一條是：「我個人不敢保證績效。」還有一條寫道：「我們公司的盈利或虧損將由市場的一般經驗來衡量。」所謂市場的一般經驗，指的就是道瓊指數。當時的巴菲特是以道瓊指數作為標杆的，目標是每年都能超越道瓊指數。企業的合夥章程規定：巴菲特作為經理，擁有獨立的決策權，其他合夥人沒有投票權，對企業經營也沒有發言權。在每年的最後一天，巴菲特會向合夥人報告一年的投資業績。但並不需要透露企業的投資組合。基金的運營不收取任何管理費用，只有當基金盈利的時候，巴菲特才能從投資收益獲取分紅。關於利潤分配和責任承擔，巴菲特表示：「4% 以上的收益我拿一半，4% 以下的收益我收 1/4。因此，如果不賠不賺，我就會虧錢。而且我賠償損失的責任並不局限於我的資本，因為它是無限責任的。」

　　巴菲特的這種基金運營的模式，來源於他的恩師葛拉漢，但同樣展現了強烈的巴菲特的個人色彩。對此，巴菲特曾經這樣說道：「我對自己合夥企業的經營理念來自於為葛拉漢工作的經歷。這個經營模式不是我最先想到的，我從他的經營模式中得到一些啟發。我只是對其中的某些事情做了變動。」

　　巴菲特合夥企業註冊資本 10.51 萬美元，註冊地址奧馬哈安德伍德 5202 號，主營業務股票投資，企業職員一人，基金經理、證券分析師、股票交易員、會計、稅務……巴菲特全部一人兼任，讓企業實行最低成本的運營。企業的第一筆開銷是巴菲特花了 49 美分，在伍爾沃斯連鎖店買了一個帳簿，之後，巴菲特還買了一件「奢侈品」 ── 一臺手動打字機，此外，再沒有任何開銷，剩餘所有的錢都投入到了股票投資上。

外部合夥人的加入

　　在 1950 年代後期，生活在奧馬哈並且和巴菲特相識就相當於拿到了通往巨額財富的入場券。

　　作為葛拉漢最優秀的學生，巴菲特決定自立門戶，成立自己的基金，儘管，這件事在奧馬哈並沒有引起多大的震動，但在紐約，卻受到了不少人的關注。在巴菲特合夥企業剛成立後不久的一天，一個叫霍默‧道奇的中年男子拜訪了巴菲特。霍默‧道奇是一位物理學家，同時也是葛拉漢‧紐

曼公司的一個長期投資者，在得知葛拉漢‧紐曼公司即將關閉的消息後，他曾經向葛拉漢問起，該如何處理自己的錢，該向哪裡投資？葛拉漢回答：「我過去有一個學生，他和我一起工作過，也許他有辦法。」

後來，道奇知道那個人就是巴菲特。於是，在驅車前往西部旅行的途中，道奇在奧馬哈做了一個短暫的逗留，他拜訪了巴菲特，在經過一番深談後，他為巴菲特的投資思想所折服，並立即決定入股巴菲特的投資公司，並把 12 萬美元交給了巴菲特，讓巴菲特幫助他的家庭進行投資。這是巴菲特的第二個合夥企業，它對於巴菲特有著重要的意義。道奇不在親人和朋友之內，是巴菲特的第一個外部投資者。這意味著巴菲特募集資金的範圍有了巨大的擴展，作為一個專業的基金管理者，巴菲特向前邁進了一大步。

後來，在接受《財富》雜誌專訪時，巴菲特說：「道奇告訴我說，『我想讓你來管理我的錢。』我說『我現在正在做一件事情，就是和我的家人一起搞了個合夥公司。』他說『好吧，我也想和你搞一個合夥公司。』這樣，我和道奇，他的妻子，孩子們還有他的孫子們也成立了一個合夥公司」。

道奇在巴菲特合夥公司投資的這 12 萬美元，在他 1983 年去世時，已經成長到了幾千萬美元，而如今，已成長到十幾億美元，這些錢屬道奇的後代。

西元 1956 年的 9 月，巴菲特過完 26 歲的生日沒有多久，一個叫約翰‧克利里的人拜訪了巴菲特。約翰‧克利里曾經

是巴菲特父親在國會任職時的祕書，和巴菲特頗有交情。當他在巴菲特的臥室同時也是他的辦公室，看見那些證明合夥關係的法律文書的時候，就問巴菲特這是怎麼回事？巴菲特為他介紹了詳細的情況。約翰‧克利里頗感興趣，說道：「好吧！我也要這麼做！和我成立一個合夥企業吧！」

於是，在 1956 年 10 月 1 日，約翰‧克利里投資了 5.5 萬美元，巴菲特成立了他的第三家合夥企業，名字叫做「B－C 有限公司」。至此，巴菲特手中掌握的資金達到了 50 萬美元，這包括了他自己的全部資產在內。不過，巴菲特自己的錢不在任何一個合夥企業之中，作為這部分自己能夠完全掌握的資金，巴菲特將它們完全投入到收益高的股票之中，這意味著更大的風險。如果說投資是一場戰爭的話，那麼金錢就是投資者手中的軍隊，借來的錢往往會臨陣倒戈，只有自己的錢才是最忠誠的，絕對不會背叛，陪你戰鬥到底。巴菲特很清楚這一點。

西元 1956 年的美國，股市已經擺脫了 1929 年股災的影響，越來越多的人被吸引到股市來。面對著即將到來的牛市，巴菲特對於資金的渴求更加迫切，於是，他經常遊說別人投資，成為自己的合夥人，並且拿著納稅申報單，誘惑著說：「難道你們不想也繳納那麼多的稅嗎？」當時，面對著這個就像賣保險一樣的人，有多少人嗤之以鼻，惡語相向？又有多少人眼光獨到，能看到了一個偉大的投資家，看到一個發大財的機會呢？我們來算一筆帳，如果你生活在當時的

時代，有幸成為了巴菲特的投資者，並且投資了 1 萬美元，那麼到 1970 年，巴菲特解散他的合夥公司的時候，這筆資產已經升值到了 16 萬美元。如果你把這 16 萬美元繼續投資給巴菲特新創立的波克夏公司，那麼到了今天，你就將會成為身價 3 億多美元的超級富翁！

毫無疑問，像這樣幸運的人在當時並不在少數，他們的人生將因此變得富足，甚至他們後代的人生也會因此而富足。當然，也有些人錯失了這種幸運。當時，巴菲特四處尋找投資夥伴，他曾經和奧馬哈的一個商人洽談，邀請他投資 2 萬美元。憑藉商人敏銳的直覺，那個商人決定做出這筆投資，但是這個決定遭到了他妻子的強烈反對，因為他們當時根本就拿不出 2 萬美元現金。商人說：「我們可以想辦法借錢啊！」他的妻子說：「這實在太愚蠢，我絕對不允許！」就這樣，他們錯過了一個發財的機會，後來，這個錯誤一直籠罩著他們的生活，並且伴隨著巴菲特財富的增加愈演愈烈，他們的兒子總是抱怨他的父母沒有投資那 2 萬美元，從而錯失了成為億萬富翁的機會。並且總是在感嘆：「從那以後，我們一直在辛苦工作來維持生活。如果當初……」

透過這件事，我們可以得到一個教訓：這個世界上，的確會發生天上掉餡餅的美事，不過它發生的機率非常之小，當真的有一個餡餅好不容易掉下來時，真正敢撿起來的人卻沒有幾個。

經過一番努力，巴菲特擁有了 3 家合夥企業，並且在

1956 年年終的時候，這三家合夥企業都實現了盈利，資本淨值分別成長了 6.2%、7.8% 和 26%。這三家企業的投資收益都打敗了道瓊指數。這讓巴菲特的聲譽，在合夥人中變得穩固起來。於是，在西元 1957 年 6 月，巴菲特第一個合夥企業的合夥人伊麗莎白再次出資 8.5 萬美元，和巴菲特成立了他的第四個合夥企業。企業名稱為「安德伍德」。

　　不久之後的一天，巴菲特接到了一個電話，打電話的人叫艾德溫‧戴維斯，是奧馬哈十分著名的泌尿科醫生，他和他的妻子以前是巴菲特雜貨店的常客。戴維斯告訴巴菲特，自己和妻子也想入股巴菲特的公司，想請他去見一次面。巴菲特當時正在四處尋找投資夥伴，對於這個邀請自然是很痛快地答應了下來。

　　在一個星期天的下午，巴菲特按響了戴維斯醫生家的門鈴，戴維斯醫生第一次看見了這個傳說中的年輕人，並且吃了一驚，這個年輕人完全就像一個 18 歲的學生，留著非常短的頭髮，看上去非常孩子氣。他的領口敞開著，外套顯得十分寬大，每個人都注意到了他的外衣，他講話語速非常快。

　　巴菲特的形象並沒有獲得戴維斯醫生的信任。但是隨後的談話，巴菲特顯露出了他的成熟和智慧。

　　他對他們說他不會披露他們資金的投資去向。他會給他們一個年度成果報告，其他的便什麼都沒有了。同時，巴菲特每年只有一天「對外辦公」。在 12 月 31 日那天，戴維斯可以增加或抽回資金。其他情況下，資金都將由巴菲特單獨

處置（巴菲特向他們保證，他一定會遵循葛拉漢的原則來做的）。他平靜地陳述著，不帶任何修飾，但是內容非常清晰。雖然巴菲特對戴維斯資金的需求如此迫切，但他只想以他的實力來得到對方的資金。

然後他又提出了條件，戴維斯作為有限責任合夥人，可以得到巴菲特賺得利潤中不高於 4% 的所有部分。餘下的利潤由兩人分成 —— 75% 歸戴維斯，25% 歸巴菲特。這樣巴菲特就不是讓戴維斯孤身賭博了，巴菲特的資金也在其中。如果他業績平平或更糟，巴菲特就會什麼都得不到 —— 沒有薪水，沒有代理費，什麼都沒有。據醫生的女婿說：「這件事情很快就搞定了，我們喜歡這樣。你知道你和他所處的位置。」

巴菲特告辭後，戴維斯從各個角度又考慮了一番。從客觀的角度來說，他們沒有任何根據可做判斷。但醫生的妻子表示「我喜歡這個年輕人的各個方面」。最終，戴維斯夫婦投入了 10 萬美金。

西元 1958 年，美國經濟出現了短暫的衰退，不過，華爾街的股票市場卻是一片欣欣向榮，一月分伊始，道瓊指數就一路攀升。可以說，1958 年是巴菲特豐收的一年，經過了兩年多的苦心經營，巴菲特將合夥企業的原始資產翻了一番。

在這個前提下，眾多投資者都為巴菲特吸引而來，其中包括奧馬哈的豪門顯族。西元 1959 年 2 月，出身顯貴的卡斯珀・奧福特，和他的兒子小凱珀，拜訪了巴菲特，表示了

想要和巴菲特成立投資公司的意願。巴菲特表示歡迎，但是同時明確說明，自己將不會向他們透露買賣股票的情況。卡斯珀對此不能接受，他說：「如果我不知道買了什麼，我是不會投一分錢的，而如果你取得了完全的控制權，我也不會有發言權。」但是，小凱珀和父親的意見頗不相同，最終，他和他的兄弟約翰，還有威廉·格倫，三人一共投資了 5 萬美元，和巴菲特成立了第七個合夥企業。

西元 1960 年年初的一天，好友兼合夥人查爾斯為巴菲特介紹了一位新的合夥人，他對巴菲特說：「我想邀請你和蘇珊來吃晚飯，和安琪夫婦見個面。他們是醫生，是真正的聰明人。」巴菲特並不認識這對夫婦，不過查爾斯的邀請，巴菲特無法拒絕。

在這次會面之後，安琪夫婦將 5.1 萬美元投進了巴菲特的合夥企業安德伍德。之後不久，安琪夫婦又向他們的十幾個同行建議：每人出資 1 萬美元，和巴菲特成立一個合夥公司。這些人接受了他們的建議，於是在 1960 年 8 月 15 日，巴菲特成立了他的第八個合夥企業 —— Emdee。

到了 1962 年，巴菲特的投資生意做得越來越大，為了便於資金的管理，他將十多個合夥公司合併成了一家新公司 —— 巴菲特合夥人有限公司。此時，原有的辦公室已經不夠用了，於是巴菲特把公司的辦公點遷到了凱威特廣場法內姆大街的基威特大廈 810 室，巴菲特還雇傭了第一個員工 —— 比爾·科斯特，此前，公司一直是由巴菲特獨立

運營。

　　此後的幾年，巴菲特的生意越來越好，在投資界的名氣也與日俱增，更多的投資者找上他要求加入，他的個人財富也飛速成長。

　　西元 1966 年，巴菲特邁出了決定命運的一步 —— 合夥公司不再接納新的成員。巴菲特說：「要真正地做到這一點，就需要得到整個董事會的同意。並且我也提醒蘇珊，如果我們有了更多的孩子，就要靠她為這些孩子找到新的合夥公司了。」

　　與此同時，巴菲特開始著手研究和投資一種與他以往所買的任何股票都不相同的股票 —— 美國運通公司股票。

牛刀「小」試：玩轉美國運通

　　1960 年代，巴菲特所做出的一個最重要的決策，便是大力投資美國運通公司。

　　美國運通公司絕對是一個跟得上時代潮流的公司。當時，美國大量的中產階級開始乘飛機到處旅行，美國運通公司順應時代潮流發行運通卡和旅行支票，免去人們攜帶現金旅行的煩惱。到西元 1963 年，已經有 1,000 萬人使用運通卡，《讀者文摘》盛讚運通公司的旅行支票是「永遠不會遭到拒付的支票」，《時代週刊》則宣稱「無現金的社會」已經到來。一場革命即將開始，而美國運通顯然將成為這場革命的先驅者。可正所謂「天有不測風雲」，就在這個時候，處於

巔峰的運通公司卻突然陷入一場「醜聞」之中。

事情的經過是這樣子的：

安傑利斯是當時美國金融界的一個騙子，他註冊了一家經營沙拉油的聯合原油精煉公司，然後與運通公司紐澤西的一家倉庫做了一筆普通的交易。將一批罐裝貨物存放到倉庫，自稱是沙拉油，倉庫便開出了收據，憑著信譽良好的運通公司的這個收據，安傑利斯以此為抵押取得了銀行的貸款。他把借來的錢以及自己的房子作為賭注，押到了沙拉油期貨上，結果慘敗，只能宣告破產。

安傑利斯顯然無法賠償貸款，銀行只好找到運通公司要抵押物。西元 1963 年 11 月，運通發現了大問題，原來油罐中只裝了少量的沙拉油，其餘裝的全是海水。這樣，運通的倉庫在這場騙局中不得不蒙受巨大的損失，估計達 1.5 億美元，而母公司運通將面臨各種索賠，實際上這家倉庫已經資不抵債。

儘管按照當時的法律，運通公司不見得需要對債權人的巨額損失承擔連帶償付責任，但總裁霍華·克拉克為了顧全運通的名聲，立即發表聲明：運通公司從道義出發，將對破產子公司所面臨的各種索賠承擔責任，哪怕是沒有法律依據的索賠。消息傳出以後，一時間華爾街的證券商一窩蜂的拋售運通股票，11 月 22 日，運通股票從 60 美元下跌至 56 美元，到 1964 年初，股價跌到每股 35 美元。

面對運通的災難，巴菲特表現得非常冷靜，他專門走訪

了牛排屋、咖啡館、銀行、旅行社、出售美國運通卡的超級市場和藥店，發現人們仍然用旅行者支票來做生意。他自己的調查結論與當時大眾普遍觀點大相徑庭：美國運通並沒有走下坡路，美國運通的商標仍然是世界暢行的標誌。巴菲特說：「當一家有實力的大公司遇到一次巨大但可以化解的危機時，一個絕好的投資機會就悄然來臨。」

　　儘管，從實體有形資產的價值來看，美國運通公司不符合葛拉漢價值投資理論中安全邊際的要求，但巴菲特大膽地突破了這一原則。他把運通公司的商譽當作可帶來現金流的無形資產。因為在全美，運通公司不僅擁有 80% 的旅行者支票市場，還是付費卡業務的主要經營者。這一地位從來不曾被動搖過，也不可能被動搖。運通商譽這一無形資產儘管沒有像廠房、機器那樣記錄在資產負債表上，但同樣有巨大的財務價值。運通過去十年內所賺到的大量利潤主要就是由這一無形資產帶來的。安傑利斯事件儘管給債權人帶來了損失，導致倉庫的破產，甚至讓運通公司損失大量現金，但卻沒有給旅行支票和運通卡的用戶帶來任何的不便，也沒有給運通公司未來的現金流造成損失。

　　於是，巴菲特決定買下這支股價遭受重創的股票。在這之前，他先去拜訪了克拉克，並坦率地表示：「我想用我四分之一的資產購買運通的股票。您認為如何？」

　　「哦，」克拉克有些吃驚，「為什麼呢？別人都在拋售啊，難道你就不怕自己的財產和好不容易得來的聲譽毀於一

旦嗎？」

「我相信您的能力，我也相信貴公司的產品，沒有任何事情能毀掉運通公司。」巴菲特誠懇而又自信地應道。

「你肯定會成為我們的好股東的！謝謝你！」克拉克激動地說道。

西元1964年，巴菲特將巴菲特合夥公司40%的淨資產、價值約1,300萬美元的資金投資於美國運通公司，買下了美國運通公司5%的股份。

之後，運通總裁克拉克向倉儲單的持有人提供了6,000萬美元以求與倉儲子公司的債權人和解。但股東們卻因此而起訴他，認為「車夫生前欠下的債不能由他身後的主人來償還」。這個時候，巴菲特沒有表現出那種鼠目寸光的落井下石，而是以一位股東的身份前去拜訪克拉克並表示支持。在法庭上，巴菲特告誡其他的股東們，不僅不該起訴富有遠見的克拉克，還應該感激他。結果，就在訴訟還未了結時，股價已經回升。

在這次投資事件中，巴菲特打破了他在一次性投資中使用其合夥公司資金不超過25%這一原則，卻也因此刷新了在一些大公司暫時受挫時，大膽買進這些公司股票的記錄。在接下來的兩年中，美國運通的股價上漲了3倍，據說巴菲特合夥公司賣掉這些股票後淨賺2,000萬美元的利潤，但真實的獲利金額絕對不止於此，因為巴菲特曾經告訴《奧馬哈世界先驅者報》（1991年8月2日）說，他持有這支股票時間

長達 4 年，而在 5 年的時間裡，美國運通的股票上漲了 5 倍，從每股 35 美元漲至每股 189 美元！

除了經濟上的受益，巴菲特還被克拉克引為知己，認為「任何在那種時候買進的人都是我們真正的同伴」。

巴菲特既欣賞克拉克，也喜歡運通公司的產品，所以，後來他又再次投資運通公司，並不斷地增加持股量。到 2006 年底，波克夏・海瑟威公司仍然重倉持有美國運通公司 12.6% 的股份，總市值 77.53 億美元。在巴菲特希望永久持有的三支股票中，運通排在第 2 位。

激流中的選擇：暫別股市

巴菲特具有一種普通投資者所無法具有的理性，他不會因為道瓊指數而影響自己的判斷和投資策略。

1960 代末期是美國股市「牛氣」衝天的時代，整個華爾街都陷入瘋狂的投機之中。對於很多資金持有人來說，這是爭先恐後買股票的黃金時期，很多喪失理智的美國人都把股市當成一個只賺不賠的金礦，毫不猶豫地投入到搶購股票的行列之中。電子類股票、科技類股票猛漲，隨著投資者們對短期利益的追逐，股指也不斷創出新高，在投資者「恐懼」和「貪婪」這兩種情緒中，後者占了上風，在樂觀的預期下，他們對再高的股價都不害怕，把套牢的恐懼忘得精光，近乎痴迷般地相信還有上漲空間。證交所排起了長隊，投資基金如雨後春筍般建立起來。

此時的巴菲特，隨著基金規模的擴大，面對連創新高的股市，他卻逐漸不安起來，擁有更多的現金，但可做的交易卻越來越少，這兩方面的矛盾使他陷入了困境，他已經不能找到足夠的符合自己標準的股票了。儘管，在當時的很多股票投機者看來，只要追逐市場，不動任何腦筋就會變得越來越富有，但是巴菲特永遠是一個真正的「投資者」，他不屑做投機家們做的事。他有自己的思想，更願意嘗試著去分析單個公司的長期商業前景，在給合夥人的信中他寫道：「現在的投資時尚並不完全令我的智慧所滿足，或許這是我的偏見，大多數無疑是不合我的胃口的。我不會以這種途徑投入我的資金的，因此我也確信不會用你們的錢來做這件事。」

與短期內頻繁買入賣出股票的短線投資者不同（他們的行為明顯具有投機性質），巴菲特認為，只要公司的權益和資本預期收益令人滿意，公司管理層誠實能幹，並且股票市場並未高估該公司的股票，就可以無限期地持有這些公司的股票。巴菲特對持續性股票有著近乎固執的喜好。他喜愛奧馬哈，喜歡班傑明‧葛拉漢，還有他的朋友們 —— 喜愛得根深蒂固。他最大的恐懼就是由死亡引起的極端不連續性。持有所喜愛的企業股票後，在什麼時候實現利潤常常讓他不好決斷，而在當時的華爾街上，沒有任何人會考慮過這樣「愚蠢」的問題。

除了偏好長期持有，巴菲特還偏好業務簡明易懂的公司，他的偏好與當時瘋狂炒作高科技股的基金經理們簡直格

格不入。然而巴菲特的偏好自有他的道理。巴菲特認為他的
投資行為是與一家企業如何運營有關的。如果人們不是被企
業經營而是被某些膚淺的表象吸引到一場投資中去的話，他
們更有可能在剛一看到某些不對或損失的苗頭時就嚇跑了，
這種打一槍換一個地方的投資人很難有什麼出息。而投資者
成功與否，是與他是否真正了解這項投資的程度成正比的。

　　巴菲特之所以能夠保持對所投資的企業有較高程度的了
解，是因為他有意識地把自己的選擇限制在他自己的理解力
能夠達到的範圍。巴菲特忠告投資者：「一定要在你自己的
理解力允許的範圍內投資。能力有多強並不重要，關鍵在於
正確了解和評價自己的能力。」正是因為巴菲特給自己設置
的這些限制，使他無法投資於那些收益潛力巨大的產業，比
如高科技企業。但巴菲特堅信投資的成功並不在於你知道多
少，而在於真正明確你到底不知道什麼。「投資者只要能
避免大的錯誤，就很少再需要做其他事情了。」在巴菲特看
來，超乎尋常的投資成就，往往只是透過普通的事情來獲得
的。關鍵是如何把這些普通的事情處理得異乎尋常的出色。

　　西元 1968 年，美國陷入一場政治動盪中，而股票的交
易卻達到了瘋狂的地步。紐約證券交易市場的日平均成交量
達到了 1,300 萬股，比 1967 年的紀錄還要多 30％。股票交
易所被大量的買賣單據忙得喘不過氣來，這在它的歷史上是
破天荒第一次。

　　巴菲特的合夥人企業在 1968 年鎖住了 4,000 萬美元的盈

利，也就是盈利率 59%，巴菲特的資產增加到 1.04 億美元。由於市場達到了巔峰，即使在巴菲特缺乏靈感的情況下，仍然經歷了業績最好的一年。他擊敗了道瓊指數整整 50 個百分點。然而，巴菲特卻認為這一結果是一種反常行為。

這時，牛市正斷斷續續顯露出盛極必衰的跡象，許多股票的本益比達到了 40 倍到 46 倍之高，有的甚至達到了 100 倍，儘管如此，基金經理們仍樂觀地認為人們在特定的時刻認為某種股票價值多少，股票就值多少。巴菲特對尋找股票徹底失望了，他有一種不祥的預感。

西元 1969 年 5 月巴菲特做了一件非同尋常的事。當股市在高位運行時，他擔心自己陷人對苦難不幸的哀嘆之中，同時也擔心所得的利潤付之東流，所以，他宣布隱退了。他關閉了價值成長了 30 倍的巴菲特合夥股份有限公司，把錢返還給投資者，當時他 38 歲。這個消息震驚了所有的合夥人。

當市場正在牛市的最高點時，巴菲特卻選擇了退出，他無法適應這種市場環境，同時也不希望試圖去參加一種他不理解的遊戲而使自己像樣的業績遭到損害。隱藏在巴菲特這一決定背後的智慧與勇氣是獨一無二的。

在華爾街，人們絕不會關閉企業，將資金償還給投資人，不會在鼎盛時期，也不會在他們業績最佳的年分，甚至不會在他們虧損的時候。然而巴菲特卻那樣做了。其實他可以有許多種選擇，他可以只售出他的股票，將其換成現金，然後等待機會。但是每個合夥人都渴望他來運作，他總是感

到一種無法推卸的責任。正如他自己所說的：「如果我要參與到大眾中去，我就身不由己地要去競爭。我明白，我並不想畢生都在忙於超越那隻投資的兔子，要讓我放慢腳步，唯一的辦法就是停下來」。

　　在宣布隱退之後，巴菲特勸告他的合夥人：要保持冷靜，不能過度投資，因為熊市馬上就要來了！當時，沒有多少人會相信如此火爆的股市會出現熊市，而巴菲特這種超乎尋常的洞察力，很快就得到了驗證。

　　就在西元 1969 年的 6 月分，道瓊指數下降到 900 點以下，一個個「高空飛行者」都墜落了，這只是一個下降的開端── 到 1970 年 5 月，股票交易所的每一種股票都比 1969年年初下降 50%，1973 年，股市開始出現真正的大崩盤。而巴菲特在 1969 年退隱之前竭力維持了 7% 的收益水準，這是合夥人企業最後一次運作，儘管這是結束的一年，它還是超過道瓊指數 18 個百分點。

收購波克夏‧海瑟威

　　收購波克夏‧海瑟威，是巴菲特從單純的投資人向經營者兼投資者的雙重角色走出的第一步，而這家公司最終也成為為巴菲特「生產錢的公司」。

　　巴菲特決定退出股票市場，也解散了自己的合夥人有限公司，但並沒有就此「退休」，他只是把重心暫時放在了另一個目標上。西元 1969 年，巴菲特把 2,500 萬美元的資產全

部投資到了一家叫做波克夏‧海瑟威的紡織公司上，這是一家他不太熟悉甚至有些「靠不住」的公司。

　　波克夏‧海瑟威紡織公司位於麻薩諸塞州新伯福市，它實際上是由兩個公司組成的，波克夏紡織有限公司和海瑟威製造公司。

　　波克夏紡織有限公司的前身是由奧利弗‧查斯（Oliver Chace）建立的，他是一位木工，西元 1806 年，奧利弗‧查斯在羅得島州的普羅維登斯創立了波克夏，後來漸漸發展壯大，成為紡織業的龍頭企業，其紡棉量曾一度占到整個國家棉花總量的四分之一。

　　海瑟威製造公司的前身是由霍雷肖‧海瑟威在 1888 年建立的。作為當地經濟由低利潤的捕鯨業向高利潤的紡織業轉型的一部分，海瑟威公司是在麻薩諸塞州新伯福市一家紡織品公司的基礎上發展起來的。霍雷肖‧海瑟威說：「響應棉花之王的呼喚，我們把公司所有的資金都投放到了紡織業，公司在這裡蓬勃地發展了起來。」在第二次世界大戰中，海瑟威製造公司主要致力於降落傘布料的生產。第二次世界大戰以後，這家公司變成了人造纖維服裝襯裡的最大生產廠家。

　　西元 1954 年，一場強烈的颶風襲擊了新伯福市，讓海瑟威的工廠遭受了巨大的損失，這個打擊讓海瑟威雪上加霜，公司經營奄奄一息。而此時的波克夏同樣身處困境。波克夏在熬過了 1930 年代的大蕭條之後，在二戰期間也曾經

興旺一時，但是不久就再次陷入困境。馬爾科姆‧查斯是當時波克夏的總裁，對於公司的經營，查斯因循守舊，一直沿用那些老舊的紡織機器，生產效率低下，產品陳舊，整個公司處於苟延殘喘的狀態。

西元 1955 年，這兩家瀕臨絕境的公司合併，組成一家新的公司，命名為波克夏‧海瑟威紡織製衣公司，公司總部設在新伯福市，擁有 14 個工廠，12,000 名工人，年銷售額達 1.2 億美元。兩者的合併，在當時被認為是海瑟威的現代管理和波克夏的雄厚資本最佳整合，將創造出一個嶄新強大的公司。事實上，兩者的合併也確實拯救了他們，雖然紡織業在新伯福市的衰落已經是無法改變的事實，但是波克夏‧海瑟威運營良好，雖然利潤不斷縮小，但是畢竟沒有倒閉，它成為了美國新英格蘭地區最大的一家，同時也是唯一一家生存下來的紡織品製造商。

波克夏‧海瑟威雖然成功生存下來，但是其經濟狀況，用慘淡經營可謂形容貼切。到了西元 1961 年年底，波克夏‧海瑟威的業務已經萎縮了一半，只剩下 7 家工廠。1962 年，工廠完成了現代化改造，工廠裡運行著最新的生產設備，但這卻沒有能改變波克夏‧海瑟威的困境，這一年公司虧損了 220 萬美元。股價從 1955 年的每股 14.75 美元，一跌再跌，直線下落到個位數，在華爾街受盡冷落，無人理睬。更為糟糕的是，這時波克夏‧海瑟威公司的內部管理層的爭鬥也開始激化了，到了幾乎爆發的邊緣。就是在這種內憂外患之

中，波克夏‧海瑟威和巴菲特相遇了，並由此開始了一段極具傳奇性質的商業歷程。

其實，早在 50 年代，巴菲特還在葛拉漢‧紐曼公司工作時，他就已經注意到波克夏‧海瑟威公司了。當時葛拉漢的合夥人傑羅姆‧紐曼就曾經去實地考察過波克夏‧海瑟威，並且有意購買它的股票。在離開葛拉漢‧紐曼公司之後，巴菲特雖然沒有買過波克夏‧海瑟威的股票，但是一直都在留意它。在等待多年之後，當伯克希‧海瑟威的股票跌破 8 美元一股，而且每股的營運資金竟然只有 16.5 美元的時候，巴菲特覺得機會終於到了。於是，在西元 1962 年，他以每股 7.5 美元的價格，買進了一些波克夏‧海瑟威的股票。當時，波克夏‧海瑟威對巴菲特來說只不過是又一個雪茄菸頭而已（巴菲特把一個價格極其低廉的投資稱做是僅「剩一口菸的雪茄菸頭」），巴菲特沒有一丁點收購它自己經營的意思。巴菲特打的如意算盤是，最多等上幾年，當市場先生發現了它的價值之後，自己就可以賺上一筆了。

但是，隨著興趣越來越濃厚，巴菲特不斷增持波克夏‧海瑟威的股票，直到 1963 年巴菲特合夥公司成為了波克夏‧海瑟威的第一大股東。

西元 1970 年，巴菲特正式接管了波克夏‧海瑟威公司，並且出任該公司董事會主席。在此之前，巴菲特參觀了波克夏‧海瑟威公司廠房，由波克夏‧海瑟威公司的副總裁肯‧查斯陪同。

　　肯‧查斯是新伯福市本地人，一個化學工程師，1947 年進入海瑟威的合成纖維部門工作，透過自己的努力一步一步晉升到生產副總裁的位置，這時已經快滿 50 歲了，他性情溫和、平易近人，資歷深厚且頗有聲望，是未來總裁的候選人。在之後的兩天時間裡，肯‧查斯帶著巴菲特，仔細參觀了公司的廠房一遍。巴菲特不斷地提出問題，關於行銷，關於客戶，關於公司的發展，關於機器和技術，對於這個陌生的行業，巴菲特對不知道的每一件事情，都想要刨根問底。巴菲特還對公司的經營，詢問了肯‧查斯的意見。肯‧查斯坦言了公司存在的諸多問題，並且給出了自己的建議。肯‧查斯誠實坦率，經驗豐富，對於公司的經營有著深刻的見解，他讓巴菲特留下了很好的印象。在行程結束的時候，巴菲特頗有深意地說：「肯，我會和你保持聯絡的！」

　　大約一個月之後，巴菲特邀請肯‧查斯在紐約廣場飯店會面，會餐過後，在返回的途中，兩人走進一家街上的小店，巴菲特買了一些冰淇淋，突然對肯‧查斯說道：「我想讓你做波克夏‧海瑟威的總裁，你意下如何？」肯‧查斯一時沒有回過神來，巴菲特告訴肯‧查斯，自己已經掌握了足夠的股票，可以在下次董事會通過這件事情。巴菲特讓肯‧查斯認真考慮，不必馬上做出回答，並說：「你還需要考慮什麼，波克夏‧海瑟威就是你的孩子！」談話不到十分鐘，面對巴菲特突如其來的邀請，或許只是這個年輕人的空頭支票，肯‧查斯內心有些懷疑，思量一番後，方才勉強答應。

　　如果沒有一個優秀的管理者可以託付，即使得到了波克夏‧海瑟威，自己也將無力駕馭它。巴菲特很清楚這一點，在得到肯‧查斯的承諾之後，巴菲特才可以放下心來，去繼續自己的收購行動。

　　收購成功以後，巴菲特如約讓肯‧查斯全權打理波克夏‧海瑟威，事實證明，這是一個非常正確的決策。經過查斯的一番改革，波克夏‧海瑟威公司的經營業績開始逐步回升，股價也開始大幅度反彈。兩年後，波克夏‧海瑟威公司就扭虧為盈，並顯示出良好的上升趨勢。

　　不過，需要指出的是，這一時期的波克夏‧海瑟威公司的主要業務已經不再是紡織品。西元 1967 年 3 月，用經營紡織業賺得的現金，波克夏‧海瑟威購買了奧馬哈的兩家頭牌保險公司 ── 國民賠償公司和火災及海運保險公司的全部流通股，總出資額 860 萬美元。這是波克夏‧海瑟威多元化經營的開始，也是它非凡成功故事的開端。1969 年，波克夏‧海瑟威公司又收購了《太陽報》報社，以及布萊克印刷公司，隨後又收購了位於羅克福德市的伊利諾伊國民銀行與信託公司。

　　西元 1970 年，波克夏‧海瑟威控股公司來自於紡織業的利潤只有 45 萬美元，但是，它從保險業賺了 210 萬美元，從銀行業賺了 260 萬美元，而這兩個行業在年初的時候，動用的資金量和紡織品業是大體相等的。

　　在這種情況下，巴菲特開始不斷縮減波克夏的紡織業

務，他關閉了波克夏在羅德島的一些小規模的紡織廠，曾經龐大的波克夏·海瑟威到最後只剩下在新伯福市的工廠，只生產紗線和合成纖維窗簾等少數幾種產品。可以說，1970 之後，波克夏·海瑟威公司已經基本退出了紡織品這個前景黯淡的生產業務。原來的波克夏·海瑟威公司事實上已經名存實亡，正式成為一個全新的投資實體，成為巴菲特牟取更多利益的一個資本實體。

收購時思糖果公司：一筆具有重大意義的投資

時思糖果公司是美國最著名的糖果企業，也是巴菲特收購的第一家具有長期競爭優勢的企業，巴菲特這次收購的巨大成功是他從購買「雪茄菸蒂」式的便宜企業轉向投資優秀企業的開始。

時思糖果公司是巴菲特十分鍾愛的一家公司。收購時思糖果公司，在巴菲特的投資生涯中，並不算特別大的手筆，實際上他只花了 1,500 萬美元，可是，這筆投資的收益和對巴菲特的影響卻是巨大的。到 2007 年，時思糖果公司累計為巴菲特產生了 13.5 億美元的稅前利潤，交納營業稅後，淨利潤約為 12.6 億美元。2007 年，時思糖果公司的稅前利潤是 8,200 萬美元（淨利潤約 7,600 萬美元），假如 2007 年時思糖果公司的合理本益比是 10 倍的話，那麼，36 年間，巴菲特從時思糖果公司獲得的紅利加上時思糖果公司在 2007 年的合理市值，是初始投入的 134 倍！而巴菲特收購時思糖

果公司的獲利並不止於 134 倍，因為在他拿到時思糖果公司的紅利後，又去購買其他具有吸引力的業務，時思糖果公司為巴菲特帶來了「多重現金流」。

然而，比起收益，更重要的是，時思糖果公司給予巴菲特思想上的啟示和精神上的成長。購買一家好的企業並讓它自由發展，比起購買一個虧損的企業，然後花費大量時間、精力和金錢去扶持它，無疑要容易得多，而且也更容易賺錢。這是在收購時思糖果公司之後，巴菲特才真正掌握的道理。當然，在這次收購之前，巴菲特也明白這樣的道理，只是如果不經歷實踐，文字上的理解是無法深入骨髓、融入心靈之中，從而成為一種投資理念的。在掌握這個道理之後，巴菲特對於企業品質的估值，漸漸有了清晰的認識，這對他日後的投資產生了深刻的影響。

在 1997 年的波克夏年會上，蒙格說：「時思糖果公司是我們第一次根據其品質來收購的。」巴菲特補充道：「如果我們沒有收購時思糖果公司，我們就不會去買可口可樂公司的股票。所以，感謝時思糖果公司帶來的巨額收入。我們很幸運的收購了整個公司。同時它也教給了我們許多東西。」

西元 1972 年，波克夏・海瑟威的投資組合總價值 1 億100 萬美元，其中股票資產只有 1,700 萬美元，其餘的全部是債券。這一年的波克夏・海瑟威採取了一種保守的策略，幾乎沒有值得一提的投資。但是，在波克夏・海瑟威之外，巴菲特透過藍籌印花公司（當時是波克夏的子公司，後來併

入波克夏‧海瑟威），完成了一筆具有重大意義的投資，以
2,500 萬美元收購時思糖果公司。由於波克夏‧海瑟威持有
藍籌公司 60% 股權，這次收購案等於波克夏‧海瑟威實際出
資 1,500 萬美元。

　　在美國，時思糖果公司幾乎處在一個不成長的行業——
盒裝巧克力糖果業，這是一個低門檻行業，時思糖果公司的
銷售量成長十分緩慢，西元 1971 年糖果的年銷售量為 1,600
萬鎊（價格為 1.95 美元／磅），36 年過後，到 2007 年，時
思公司的銷售量僅為 3,100 萬鎊，年成長率僅有區區的 2%。
但在這 36 年裡，許多著名行業品牌在嚴酷的競爭中已經從行
業的版圖中消失了，最後剩下的只有時思和另外兩個品牌，
而時思糖果公司的利潤超過了這個行業利潤的一半。

　　時思糖果公司成立於 1921 年，它的創始人瑪麗‧西伊
（Mary Wiseman See）是一位 71 歲的老太太，她在一家小
規模的社區糖果店基礎上成立了這家公司。她只不過是憑藉
一條圍裙和一些平底鍋進入商界的。開店伊始，瑪麗‧西伊
的糖果生意很一般，只不過是眾多小糖果店的一家，沒有什
麼特別之處。後來，瑪麗‧西伊將業務擴大到舊金山。時思
糖果的包裝盒上有西伊女士面帶微笑的圖案，這是由她的兒
子查爾斯‧西伊設計的，他是一位藥劑師。他用母親的配方
生產了多種味道的糖果。

　　在經濟大蕭條時期，時思糖果店的生意愈加慘淡，查爾
斯不得不降低糖果的價格，由每磅 80 美分調低到每磅 50 美

分,「為了省錢,只花 50 美分」是當時時思糖果的廣告詞。幸運的是,時思糖果公司的房東降低了房租,時思糖果這才得以繼續生存。

隨著後來美國經濟的好轉,時思糖果公司得到了快速的發展,開設了多家店面,擴大了市場。到了第二次大戰期間,因為當時物資緊張,糖是定量供應的物品,時思面臨的危機是,工廠根本沒有足夠的原料進行生產。查爾斯認為絕不能用劣質的原料或是改變原來的配方進行生產,考慮一番之後,查爾斯果斷地決定,要用有限的原料生產盡可能好的糖果,並且限量銷售賣完即止。高品質的糖果得到了顧客的歡迎,每天時思的糖果店一開張,顧客就擁擠到櫃檯去搶購那些限量的糖果。一旦售罄,糖果店就關門歇業。非常時期的這條行銷策略,讓時思糖果的生意十分更加興旺,查爾斯將這次危機成功轉化成發展的良機,讓時思的發展又向前邁了一大步。

後來,瑪麗的孫子哈利‧西伊接管了公司,並且在 60 年代末的時候,他決定賣掉這家公司。在 1970 年初,就出售時思糖果一事,時思糖果的高層和幾家公司進行了洽談,但都沒有成功。到了 1971 年,藍籌印花公司的一個投資顧問羅伯特‧弗拉哈迪在得知時思公司要出售的消息之後,馬上聯絡了藍籌印花公司的一位高管威廉‧拉姆齊,威廉‧拉姆齊也覺得這是一筆好生意,立即撥通了巴菲特的電話,將這個消息告訴了巴菲特。

　　起初，巴菲特對這筆生意好像沒有任何興趣，說道：「哦……鮑勃，是糖果生意啊！我認為我們不想進入這個行業。」出於某種原因，巴菲特剛說完這句話，電話就突然斷線了。威廉·拉姆齊連忙又打了過去，但是卻無法接通。一連幾次，都是如此。威廉·拉姆齊不禁心煩意亂，在辦公室裡邊踱來踱去。幾分鐘之後，電話接通了。威廉·拉姆齊拿過話筒，還沒有來得及開口說話，巴菲特激動的聲音就傳了過來，說：「我正在看這家公司的財務數據。我現在很樂意出個價錢買下它。」

　　1971 年 11 月，巴菲特乘坐飛機抵達洛杉磯，在洛杉磯的一家酒店，巴菲特與哈利·西伊及時思糖果公司的一些高層舉行了會晤。會談進行了幾個小時，主要的議題是交易的價格和以後的管理。巴菲特說：「哈利，價格我們可以再商量。我想問的是，這個問題解決之後，誰來主管這個公司。」哈利·西伊環顧了四下，然後說：「查爾斯可以接手管理公司。」

　　查爾斯·霍金斯，出生於加拿大溫哥華，二戰期間在美國空軍服役，作為一個傘兵奔赴歐洲戰場。戰後，霍金斯搬到了舊金山居住，之後，進入時思糖果公司工作，當時是西元 1951 年。從製造糖果到產品包裝，霍金斯幾乎做遍了公司各個部門的工作，工作盡職盡責，很快得到了升遷，負責一個包裝部門的工作。當時的包裝工人認為工作的方法有問題，但是沒有負責人願意理會。霍金斯上任之後，採納了工

人們的意見，提高了整個部門的工作效率，因此得到了上司的賞識，一步一步升遷上去。到了 1971 年，在時思糖果公司，霍金斯已經工作二十年了，資歷頗深，對於公司的各個業務也有很深的了解。

在和巴菲特的初次會晤之中，霍金斯是時思糖果公司與會的高管之一。巴菲特對霍金斯的印象不錯，覺得他是一個肯·查斯一樣的人物，可以勝任時思公司未來的總裁。

在選定未來的管理者後，剩下的問題就只有收購價格了，這是最重要的一部分，巴菲特開始討價還價。當時時思公司淨資產是 800 萬美元，銷售額 3,000 萬美元，稅後盈餘 200 萬美元，淨資產收益率為25%。時思公司的開價是3,000萬美元。3,000 萬美元的價錢，相對於 800 萬美元的淨資產，對於信奉葛拉漢投資思想的巴菲特來說，無疑太高了，根本不是一個可以接受的價格。巴菲特和蒙格商量之後，給出了他們的底線：2,500 萬美元。任何高出 2,500 萬美元的價格，都是不能接受的。蒙格說：「如果時思公司出價再高出哪怕 10 萬美元，我們可能就不會去收購它了。」

不客氣地說，在這場收購中，巴菲特並沒有表現出足夠的魄力，對於時思糖果公司的價值也還沒有真正深刻的認識。如果，因為吝嗇這 500 萬美元，從而錯失了時思糖果公司，那巴菲特將付出幾十億美元的機會成本。

但是，幸運的是，時思糖果公司最終接受了他們的收購價格。

　　西元 1972 年 1 月 31 日，巴菲特和時思糖果公司正式簽訂了收購合約。收購完成之後，巴菲特立刻任命霍金斯為總裁，全權負責時思糖果公司的經營。在霍金斯的經營期間，時思糖果公司取得了傲人的成績，在密蘇里州、德克薩斯州、科羅拉多州，甚至遙遠的香港，都開拓了自己的市場。到了 20 世紀末，時思糖果公司在美國大約經營 250 個商店，每年銷售 3,300 萬磅糖果，銷售額數億美元，利潤接近一億美元。

　　多年以來，巴菲特除了和霍金斯保持必要的電話聯絡和見面外，根本不用為時思糖果公司的任何事情而費力。只要坐在奧馬哈的總部，時思糖果公司就會源源不斷為巴菲特輸送資金。霍金斯說：「時思公司多年來一直為巴菲特創造了大量的投資收益，我們有著一個良好的資金管道直接通向奧馬哈。」

股神歸來

　　當道瓊指數下挫到了只有 580 點，巴菲特卻說：「現在正是投資的最佳時機！」

　　在選擇暫別股票市場之後，巴菲特事實上已經沒有一份全職的工作了，波克夏・海瑟威由肯・查斯全力經營，用不著他花太多時間，他有大把的空閒陪伴家人和休閒，《林肯每日星報》在專欄裡將他刻劃為一個逍遙自在的人物，說他在一個豪華舒適的公寓裡運籌帷幄，掌管著他的投資，過著

「輕鬆自在的生活」。對一位想向他請教投資學問的年輕人，巴菲特婉拒了他：「我已經不再做投資方面的事情了，所以無法給你建議。」看起來，華爾街的投資人士將再也聽不到巴菲特的任何建議了。

在這一段時間，巴菲特考慮過擔任公職，他的一位好友甚至慫恿他競選美國總統。但最終，巴菲特還是選擇了商場，他認為自己更適合賺錢，而不適合政壇的你傾我軋、爾虞我詐，在那種環境下，他認為自己很難生存下去。

這個時期的巴菲特對資本賦予了一種如神般的忠實，他認為人們或組織機構哪怕是自己的孩子也不應該享受輕易得到的金錢。因為任何數量的金錢都為未來的億萬財富播下了種子，對金錢的揮霍或誤用都無異於一種罪惡。

這一點從巴菲特一家的簡樸生活中就能夠得到顯明的印證。巴菲特基本上依靠他從波克夏得到的 5 萬美元薪水來維持家庭生計，他的孩子們是在公立學校念的書，巴菲特總是鼓勵他們做自己喜歡的事，而不要太在意能賺到多少錢。事實上，巴菲特兒子是在報紙上才知道他父親的財產是多麼巨大的。女兒小蘇珊 16 歲時就開始在馬車商店裡做銷售員。

巴菲特總是盡量對自己的富有保持低調，這也使得全家人沒有絲毫的拜金傾向，而且使家庭氛圍顯得輕鬆民主。據說，每到萬聖節的晚上，巴菲特一家都會邀請每一位路過要糖果的孩子進屋，這種友善的舉動很難在美國別的億萬富豪身上看到。

巴菲特對於工作的全身心的熱愛達到了排除其他一切事情的地步。到了晚上，巴菲特會去雜貨店買最新出版的《奧馬哈世界先驅報》，上面登有股票的收盤價，然後他回到家裡讀上一大堆年度報表（巴菲特儘管選擇了暫時告別股市，但從沒停止過對股票的研究）。對其他所有人而言這是一項工作，而對巴菲特而言這不過是一個平凡的夜晚。他不僅從晚上 9 點到凌晨 5 點這樣地工作著，其實只要他醒著的時候，車輪就轉個不停。

1970 年代早期到中期，美國經濟陷入衰退之中，通常採取的用投資刺激經濟的方法還沒有頒布。西元 1974 年的通貨膨脹率達到了 11%，出現了連 30 年代都沒見過的新症狀：通貨膨脹和經濟衰退。兩者之中解決任何一方都必然伴隨著另一方的惡化，惡化的經濟形式使投資者陷入極度恐慌之中，市場上人氣低落，股票像熟透的水果從高空中墜落，大多數投資人在精神上陷入恐懼與不知所措，巴菲特的反應卻很獨特，「當別人害怕時，你要變得貪婪」。在 1960 年代的牛市中，股價太高對巴菲特來說一直是個問題。自從巴菲特合夥人解散之後，巴菲特一直沒有找到合適的機會。而在 1973 年，當人們都逃到圈外觀望的時候，巴菲特卻一步一步回到遊戲中來了。「他有一種讓自己賺錢的嗜好，這對他而言是一種消遣。」

西元 1974 年 10 月初，道瓊指數下挫到了只有 580 點。而就在這個時候，巴菲特卻開始積極籌備回歸股市。在接受

《富比士》雜誌的採訪時，巴菲特生平第一次對股票市場做出了預測。

《富比士》雜誌的記者問他：「對現在股市的低迷，您有什麼想法？」

巴菲特果斷地答道：「現在正是投資的最佳時機！」

巴菲特這種世人少有的可以把自己的感情與道瓊指數隔離開來的本事是他成功的一大原因。60 年代當他有成堆的金錢時，對於牛氣衝天的股市，他卻滿腦子是惡兆，整天在想著如果遭遇熊市該怎麼辦，最終他果斷決定隱退。而如今當他的投資組合陷入困境時，當股市陷入低迷時，他卻自信光明即將到來。他在給波克夏公司股東的信中寫道：「我們覺得手中持有的證券具備在未來顯著升值的潛能，因此我們對股票投資組合很滿意。」對巴菲特而言，「未來永遠是模糊的」，他從不靠對未來的預測去購買股票，他所關心的是某種股票可以比資產額小許多的價格獲得。

在我看來，投資業是這個世界上最偉大的事業，在這個「棒球場」上沒有任何人可以逼迫你必須擊球。當你站在擊球區時，投手會投來 47 美元一股的通用汽車股票，也會投來 39 美元一股的美國鋼鐵公司股票！即便你不選擇擊球你也不會遭受任何懲罰，頂多會喪失一些「得分」的機會罷了。你可以每天都以逸待勞，等待你喜歡的「投球」出現再選擇揮杆，然後趁外場球手打瞌睡的時候，向前進一步將球擊飛。

在這一刻，股神歸來！

卷三
投資篇 —— 股神是怎樣煉成的

「在人的一生中，只要做對幾件事就成了。如果投資者能夠做到真正熟悉幾個行業後進行大量投資，一定會獲得巨額利潤。」

巴菲特的黃金搭檔：查理・蒙格

「（在沒有繼承人之前）一旦我出現任何不測，查理・蒙格將馬上執掌波克夏・海瑟威的帥印。」

查理・蒙格（Charles Thomas Munger），美國頂級投資家，波克夏・海瑟威公司副主席，巴菲特的黃金搭檔，有巴菲特的「幕後智囊」和「最後的祕密武器」之稱，蒙格在外界的知名度、公開度一直比較低，其投資智慧、價值和貢獻也被世人嚴重低估。

蒙格的人生曾經極為艱難，有些時候甚至可以用淒慘形容。他幾乎經歷了一個人所能經歷的所有苦難和不幸。

年輕時的草率婚姻，讓他成為兩個孩子的父親；剛剛離婚不久，兒子泰迪就身患白血病不幸夭折，離婚、巨額醫療費用、失去親人，這些巨大痛苦折磨著他；蒙格管理的合夥投資公司遭遇了 1973 年至 1974 年的股市大跌，損失過半；1978 年，蒙格因為白內障手術併發症導致左眼完全失明⋯⋯

但是蒙格並沒有被這些接踵而來的苦難和不幸所擊倒。蒙格的兒子小查理這樣評價父親：「他就是能夠義無反顧地擺脫了這些悲劇的困擾。」 在這一點上，蒙格和他的偶像富蘭克林極為相似，都是那種能夠經由地獄抵達天堂的聖者。

蒙格，一個土生土長的奧馬哈人，是巴菲特的老鄉，但兩人相識卻比較晚。

西元 1924 年 1 月 1 日，蒙格誕生在奧馬哈道奇大街一

個富裕的中產階級家庭。雖然家境富足，但是少年時的蒙格已經十分獨立，他很早就開始自己工作賺錢了。

1948 年，蒙格以優異的成績畢業於哈佛大學法學院，之後，他進入加州法院當了一名律師，並開始投資證券以及聯合朋友和客戶進行商業活動，其中一些案例還被編入哈佛商學院的研究生課程。

在經歷了幾次成功的買斷後，蒙格漸漸意識到收購高品質企業的巨大獲利空間，「一家資質良好的企業與一家苟延殘喘的企業的差別在於，前者一個接一個地輕鬆作出決定，後者則每每遭遇痛苦抉擇。」

蒙格此後開始涉足房地產投資，並在一個名為「自治社區工程」的項目中賺到人生的第一個一百萬美元。

西元 1959 年，蒙格的父親艾爾・蒙格去世，蒙格趕回奧馬哈奔喪。在這段時間裡，經過戴維斯醫生的引見，蒙格和巴菲特相見了，兩人的生命軌跡，也因為彼此的吸引而發生了改變。遇到蒙格時，巴菲特才 29 歲，蒙格是 34 歲。在最初的交談之中，兩人彼此留下了良好的印象。在臨別的時候，兩人交換了電話號碼。不久之後，蒙格就離開了奧馬哈趕回洛杉磯，雖然兩人很長一段時間沒有見面，但是兩人始終保持著密切的聯繫。

他們經常互通電話，徹夜分析投資機會，「蒙格把商業法律的視角帶到了投資這一金融領域，他懂得內在規律，能比常人更迅速準確地分析和評價任何一樁買賣，是一個完美

的合作者。」一位合夥人感嘆道,「查理與華倫比你想像的還要相像,華倫的長處是說『不』,但查理比他做得更好,華倫把他當作最後的祕密武器。」

西元 1962 年,蒙格投資生涯出現了一個轉折點。在這之前,巴菲特已經多次鼓動蒙格躍出他的律師事務所,成為一個職業投資者。現在,蒙格覺得是時候了。成功的房地產生意帶來了大量的現金流,股市的行情也正火熱。於是,蒙格和傑克‧惠勒 —— 蒙格的一個客戶,成立了惠勒‧蒙格合夥企業,從事投資證券業務。在合夥企業成立之前,蒙格在投資上和別人有過合作,但是傑克‧惠勒是第一位合夥人。蒙格選擇傑克‧惠勒作為自己的第一個合夥人,是因為惠勒是一個職業的股票交易所的交易商,擁有豐富的交易經驗和敏銳的投資眼光。

在創立惠勒‧蒙格合夥企業之後,蒙格和巴菲特的電話聯絡就更加密切了,他們彼此交流投資想法,分享投資訊息,甚至於共同投資同一支股票。兩人的企業同樣聯繫密切,在西元 1976 年因為各自在藍籌票據上的投資被視為關聯和內幕交易,巴菲特和蒙格遭到了美國證交會的審訊,雖然最終兩人沒有被定罪,但是導致了蒙格賣掉了惠勒‧蒙格合夥企業,並在 1978 年進入波克夏,成為了波克夏的副主席,由此,和巴菲特開始了一段默契無間的合作生涯。

兩人雙劍合璧完成了一連串經典的投資案例,先後購買了聯合棉花商店、伊利諾伊國民銀行、時思糖果公司、維科斯

金融公司、《水牛城新聞晚報》，投資《華盛頓郵報》，並創立新美國基金。

　　蒙格是巴菲特可以推心置腹的人，巴菲特只會讓蒙格走進自己的心房。這兩個人之間有種非同一般的共生關係，就像一段完美的婚姻一樣，兩人舉止相似、意氣相投，誰也離不開誰。巴菲特的女兒甚至認為他們就像是複製人，走路時有著相同的步伐，甚至在長相上都有點像。

　　不僅如此，更為重要的是，在巴菲特的投資生涯之中，蒙格是一個對其有著重大影響的存在。至於這種影響力到底達到什麼樣的程度，也許只有巴菲特自己的評價才是恰當的，他說：「查理把我推向了另一個方向，而不是像葛拉漢那樣只建議購買便宜貨，這是他思想的力量，他拓展了我的視野。我以非同尋常的速度從猩猩進化到人類，否則我會比現在貧窮得多。」

　　蒙格也承認他們共同的價值取向。「我們都討厭那種不假思索的承諾，我們需要時間坐下來認真思考，閱讀相關資料，這一點與這個行當中的大多數人不同。我們喜歡這種『怪僻』，事實上它帶來了可觀的報酬。」

　　然而，在過去的 40 多年裡，巴菲特和他的波克夏‧海瑟威過於耀眼，即便聰明絕頂、傲氣十足的金融天才都無不懷著崇敬之情研讀「股神」的一言一行。巴菲特身後那道閃閃的光暈，幾乎遮蔽了他周圍所有的人，這其中自然也包括查理‧蒙格。

但巴菲特大兒子霍華的眼睛是雪亮的，「我爸爸是我所知道的『第二個最聰明的人』，誰是 No.1 呢？查理‧蒙格。」

牽手凱瑟琳‧葛蘭姆，《華盛頓郵報》的一段傳奇

無論是在生意上，還是在生活上，凱瑟琳‧葛蘭姆對巴菲特來說，都是一個極其重要的人物。

《華盛頓郵報》是美國華盛頓哥倫比亞特區最大、最老的報紙。它建立於西元 1877 年，在很長一段時間內，《華盛頓郵報》曾經只是一家默默無聞的報紙。西元 1933 年，當凱瑟琳‧葛蘭姆的父親尤金‧梅耶以 82.5 萬美元的價格買下這家瀕臨破產的報紙時，它在一個擁有 5 家報紙的城市中排名最末。在尤金的帶領下，經過近十年的努力，《華盛頓郵報》終於轉虧為盈。而在尤金的女婿也就是凱瑟琳的丈夫菲利普‧葛蘭姆的領導下，郵報取得了巨大的成功。

西元 1963 年，才華橫溢的菲利普因為精神病自殺。「當我丈夫去世的時候，我面臨三種選擇，」凱瑟琳說，「我可以出售這家報社，我可以找個人替我管理報社，或者我自己去經營。但是，實際上我已經別無選擇。我只能自己去經營……對於我來說，要放棄我的父親和丈夫用心血和愛一手建造起來的一切，或者把它交給別人是不可思議的。」凱瑟琳於 1963 年接管了這家報紙的掌門人的位置。

美國前總統尼克森執政期間，凱瑟琳做了兩件大事，震

動了全美，同時也使郵報的聲名達到了巔峰。

西元 1971 年，郵報的記者在《紐約時報》之後弄到了五角大樓有關越戰的「絕密文件」，郵報的編輯、記者要求立即登載，而律師們卻反對，因為當時尼克森政府已經以此事將《紐約時報》告上了法庭。報導還是不報導？這個問題尖銳地擺在凱瑟琳面前，即使她說「不」，相信也不會有任何人會對她產生異議，但是這位女強人再一次站出來，說了「是」。她後來回憶，當時她非常緊張害怕，但她吞咽了一下，一連說了三個「Go ahead！」向前！Go ahead, go ahead, go ahead. Let's go. Let's publish！凱瑟琳就像一個賭徒，傾其所有壓在了一篇報導上，她贏了！從那個時候起，《華盛頓郵報》已經不再是一張小報，人們提起它的時候，那口氣，就像提起了《紐約時報》。

西元 1972 年 6 月，兩名年輕郵報記者弄到了有關尼克森（Richard Milhous Nixon）為首的共和黨在總統大選中做手腳的情況，也就是水門事件。凱瑟琳又是力主支持記者們，將這次事件率先捅了出來。當時執政的尼克森政府為了掩飾醜行，不斷向《華盛頓郵報》施壓，警告凱瑟琳不要「出風頭」，司法部長更是暴跳如雷、氣急敗壞，還說出了整個事件中最著名的一句話：「凱瑟琳‧葛蘭姆的奶頭會被大絞肉機絞住的！」在白色恐怖的氣氛中，面對總統團隊的巨大壓力，凱瑟琳一直支持旗下的編輯記者：「我們已遊到河水最深的地方，再沒退路了。」她把司法部長的話登在了第

二天的報紙上，所有的人都被驚呆了。不顧尼克森政府的多次威嚇，愣是一追到底，引起了美國新聞界對「水門醜聞」的輪番轟炸，最後逼得尼克森下了臺。最終贏得了新聞史上里程牌式的勝利。郵報也因報導「水門事件」而贏得了西元 1973 年普利茲金獎 —— 公共服務獎。

事後，她的一位朋友送她一個小小的金質絞肉機，她還常常將它掛在脖子上。凱瑟琳，這個從不喜歡宣稱自己是女權分子的人贏得了「世界最有權勢的女人」的稱號，她成了當世的不朽傳奇 —— 一位用勇氣與政治扳倒美國總統的女人。更重要的是，新聞業得以大放異彩，它對自由與正義的追求贏得了無比的尊敬。

在這兩次事件後，《華盛頓郵報》取得了空前的成功，許多人認為它是繼《紐約時報》後美國最有聲望的報紙。

巴菲特對《華盛頓郵報》有著一份特殊的感情，他的外祖父就是辦報的，父親也曾在報社從業，而他本人也經常懷念童年為《華盛頓郵報》做報童時的時光，那種報紙上散發的油墨香味讓他始終難忘。連帶的，他對報業也充滿了興趣，他曾經說過，如果他沒有選擇商業的話，他很有可能會成為一名記者。所以，當他手中有了充裕的資金時，他就決定插手《華盛頓郵報》。

西元 1971 年 6 月，華盛頓郵報公司發行了 1,354,000 股 B 種股票。1972 年其股價強勁攀升，從一月分的每股 24.75 美元上升到 12 月分的 38 美元。

　　西元 1973 年報業不斷發展，但道瓊指數持續下跌，因為美國股市崩潰，華盛頓郵報公司雖然收益率達到 19%，成長趨勢也很好，但股價下跌了 50%。公司的每股價格從最初的 6.50 美元的發行價格下降至每股 4 美元。

　　一直看好《華盛頓郵報》的巴菲特敏銳地看到了這次機遇，在和搭檔蒙格進行了一番商議後，他們就馬上開始收集有關《華盛頓郵報》的股票訊息。經過一番調查，巴菲特更加認定這是一次千載難逢的機遇：股票市場上目前陷於低迷，在這種情形下，股票的價格和它所代表的資產價值之間其實並沒有必然的聯繫，而在一般情況下，是很難找到這種投資機會的。巴菲特回憶說：「當你做生意時，你便置身於現實社會中，因為每個人都在考慮股票的相對價格。當我們在一個月內買下 8% 或 9% 的《華盛頓郵報》之後，賣給我們股票的人之中沒有一個會覺得自己是在把價值 4 億的資產以 8,000 萬賣給了我們。他們之所以願意賣給我們是因為電訊業股票已在下跌，或是因為其他人都在拋出，或別的什麼因素，這些理由都是毫無意義的。」

　　西元 1973 年春夏之季，巴菲特透過波克夏‧海瑟威共分 20 次購買了價值 1,062 萬美元的《華盛頓郵報》公司股票，占其全部 B 股的 12%，或者說全部股票總額的 10%。從而在《華盛頓郵報》股份公司中成為葛拉漢家族以外的第二大股東。

　　巴菲特在完成了《華盛頓郵報》公司的投資之後，凱瑟

琳對這位購買了《華盛頓郵報》公司巨額股份的人心存疑慮，她擔心自己的公司會被「來自內布拉斯加的極端分子」（指巴菲特）所搶去。

　　在得知凱瑟琳的憂慮之後，巴菲特給她寫了一封長信。他在信中坦誠地告訴凱瑟琳，自己不會危及她在公司中的地位，他很清楚凱瑟琳可以透過自己所持有 A 股股票控制著公司的主要經營。

　　在收到巴菲特的信件之後，凱瑟琳權衡再三，決定與巴菲特見一面。之後，她回了一封信給巴菲特，希望巴菲特能與自己見面談談。

　　凱瑟琳在《我的歷史》一書中說，他們的第一次見面，是在洛杉磯《時代》週刊的辦公室裡。這次見面是在巴菲特收購《華盛頓郵報》的股份之後。巴菲特再一次向凱瑟琳表示，絕對不會干涉《華盛頓郵報》的內部事務，凱瑟琳邀請巴菲特到華盛頓共進晚餐，並參觀一下《華盛頓郵報》公司。於是，巴菲特成了她的商業顧問。從此以後，他們之間建立了一種非比尋常的深厚感情和相互依賴的關係。凱瑟琳後來曾經說：「和巴菲特在一起，你永遠會感到愉快和有趣。」

　　1974 年，巴菲特被任命為《華盛頓郵報》公司的董事，並主持財務委員會的工作。不久，他建議《華盛頓郵報》公司對股票進行回購。

　　股票回購是巴菲特的發明，也是巴菲特的獨到之處。

從 1975 年到 1992 年，《華盛頓郵報》公司一共回購了發行在外的 43% 的股票，平均回購成本為每股 60 美元。也就是說，公司只用相當於現值 1/10 的價格回購了超過 40% 的股份。到 2000 年為止，《華盛頓郵報》公司已經購回了一半的股票，這意味著所有公司股東擁有的股票價值是實際資產的二倍。

此外，巴菲特還建議應該把《華盛頓郵報》公司現有的養老金基金，從大銀行轉為由以價值增值為導向的基金管理人管理。在把基金轉為有價值型管理者管理之後，儘管《華盛頓郵報》公司要求基金管理人至少把全部資金的 25% 用於債券投資，但是整個基金的投資報酬率仍然非常可觀。

巴菲特一直就職於《華盛頓郵報》公司的董事會，直到 1986 年波克夏以 5.17 億美元幫助凱普城公司收購了美國廣播公司之後，他才辭去這一職務。雙方合併之後，成為新的傳媒巨人凱普城／美國廣播公司，巴菲特應邀成為新公司董事會的領導人。所以，巴菲特不得不離開《華盛頓郵報》公司，因為按照聯邦通訊委員會的規定，任何個人不得同時擔任電視網（凱普城／美國廣播公司）和有線電視網公司（《華盛頓郵報》公司）的董事。

雖然經歷了一系列的熊市、水門事件醜聞和罷工等事件，但是巴菲特從來沒有出售過《華盛頓郵報》的一張股票。正是由於巴菲特的這種耐心，使他得到了自己應該得到的報酬：1973 年，巴菲特用 1,062 萬美元買下的華盛頓郵報

公司的股票，2006 年底增值為 12.88 億美元，持有 33 年，投資收益率高達 127 倍。這是他投資收益率最高，也是持股期限最長的一支股票。

成為報業大亨：一場殘酷的個人勝利

「市場交易就像上帝一樣，幫助那些自助者。但和上帝不同的是，市場交易不會原諒那些不知道自己在做什麼的人。」

誰也沒有想到，巴菲特會在西元 1977 年動用 3,250 萬美元的鉅資從小愛德華・巴特勒夫人手中收購《水牛城新聞晚報》（以下簡稱《晚報》），要知道，《晚報》在當時的銷量雖然不錯，但收益並不算好，1976 年《晚報》的稅前收益只有區區的 170 萬美元，這與巴菲特的收購價形成很大的差距，按這個比率，巴菲特 15 年才能收回投資。

巴菲特當然不會做賠本的買賣，他有自己的如意算盤，在巴菲特看來，《晚報》是一家可以在大城市發行的主流報紙，它占的當地家庭比所有其他的全國性報紙都還要高。而且，水牛城是個積習難改的城市，它的大部分人口都是本地人，《晚報》伴隨著他們長大。雖然這個城市正在走向沒落，但巴菲特認為它穩定的人口是個優勢，況且他也正急著買一家報紙，而不再是為別人出謀策畫了。此外，巴菲特認為，只要《晚報》能像同城的《信使快報》一樣擁有週日版，那就可以大幅度增加利潤，因為在週日的時候，讀者大

多願意瀏覽一下報紙，許多廣告商也喜歡在週日的報紙上加重廣告量。

在決定收購這家報紙之前，巴菲特向凱瑟琳打了招呼，如果《華盛頓晚報》不參與這次收購，自己就會出手。凱瑟琳認為《華盛頓郵報》剛剛用強硬手段鎮壓了一場工人罷工，而水牛城又是一個工會氣氛濃厚的城市，如果收購這家報紙，肯定會招致當地居民的反感。而且《晚報》的標價是4,000 萬美元，這遠遠高出凱瑟琳對其的估價。出於這兩方面的考慮，凱瑟琳選擇不參與這次收購。

這讓巴菲特放下心來。而此時，隨著《華盛頓郵報》、《芝加哥論壇報》等報界巨頭的退出，有能力收購《晚報》的投資人也越來越少，於是《晚報》的經紀人麥奴便把價格降低了 500 萬美元 —— 以 3,500 萬美元的價格出售。巴菲特在得知消息後，很快與《晚報》的經濟人文森特・麥奴取得了聯絡，商議收購事宜。

「請問，你星期天會工作嗎？」巴菲特問道。

「這與您有什麼關係呢？」麥奴的語氣並不友善。

「我覺得你應該很關心我對《新聞晚報》的收購吧。」巴菲特不卑不亢地回答道。

正在為賣出《晚報》而頭痛不已的麥奴聽到這個消息，自然是驚喜萬分，於是高興地和巴菲特說，自己可以在星期日上班，並且邀請巴菲特到自己的俱樂部裡談判。

西元 1977 年新年之後的第一個星期日，巴菲特和蒙格

來到了麥奴家裡，並且在麥奴的俱樂部吃了午飯。在具體協商收購事宜時，巴菲特提出 3,000 萬美元的收購價，這比麥奴的報價低了 500 萬美元，所以，麥奴並沒有痛快地答應。巴菲特又把價格提高到 3,200 萬美元，但麥奴依然不鬆口：「3,500 萬美元，少一美元也不賣！」

　　巴菲特還想再加價，這時，蒙格適時地阻止了他，並對麥奴說：「我們需要考慮一下」。之後，兩人離開了麥奴的辦公室。在經過一番商討後，兩人再次回到了麥奴的辦公室，並把收購價提到了 3,250 萬美元，這個價雖然離麥奴希望的價格相差了 250 萬美元，但是麥奴也知道，在整個美國，除了巴菲特之外，不會再有第二個人願意出這個價格了，於是他決定在合約上簽字。

　　不久之後，水牛城市下了有史以來最大的一場暴雨，整個城市都處在一種苦苦掙扎的狀態中，這讓久經沙場的蒙格感到一絲不安。尤其是在他們參觀完《晚報》的豪華印刷廠後，這種感覺更加明顯，他覺得這家工廠簡直就是一所國王的宮殿，而且可以與印度的泰姬瑪哈陵相比，但是一家報社在印刷廠上投這麼多資金來裝飾一新又有什麼用呢？

　　巴菲特的心裡雖然也不是很安穩，但他認為即使冒一些風險也是值得的，畢竟，經營報紙是他內心一直的願望，並且這是他第一次完整地擁有一份報紙，一切都由他自己操作，旁邊不會有任何人插手。

　　早在完成這次收購之前，巴菲特就為《晚報》制定了一

個策略。當他與莫里・萊特——這位出生於布魯克林的菸不離嘴的執行主編作自我介紹時，他問道：「你對週日報紙是怎麼看的？」萊特說他幾年來一直在勸發行商辦週日報。巴菲特沒有表態，但萊特明白他同意自己的觀點。

收購合約簽署後，萊特在家裡為巴菲特辦了一個歡迎會。一群喧鬧的雇員在後院迎接他們的新老闆。巴菲特說道：「一天 24 小時，一星期 7 天，時時都有新聞。」明顯地暗示他準備擴展週日版。

此後，水牛城城謠言四起，人們議論紛紛，都認為《晚報》不應該發行週日版，因為《晚報》之前的東家布特勒家族曾經與競爭對手《信使快報》的主人康納家族有一個心照不宣的協議：《晚報》絕不出週日報，而《信使快報》的主要業務方向也僅僅是週日報。因為《信使快報》以週日報為自己的生命線，而《新聞晚報》則是以工作日出報為自己的主要盈利模式，所以兩個家報決定保持策略平衡，互不侵犯對方的市場。於是這種策略方針直接決定了兩家報紙的發行量。週一至週六，《晚報》的日發行量是 268,000 份，而《信使快報》是 123,000 份，但是《信使快報》週日報紙的發行量則是 270,000 份。而這兩家報紙的廣告收益正好與發行量成正比，並且在廣告市場上的占有率是 4：1 的模式。

不管是否真的存在這個協議，巴菲特對這種情況都不滿意，在它看來，《晚報》發行週日版是勢在必行。

那個夏天，附近的《多倫多每日之星》宣告發行週日

版。就巴菲特所知，除《晚報》外，只有《辛辛那提郵報》、《克利夫蘭報》和《紐約郵報》還是無週日版的大都市日報。他匆匆忙忙地寫了個條子給蒙格，幽默地提醒他們不該落在最後：「關於我剃平頭，蘇珊常說她不介意我是全國倒數第二個理平頭的，但我要是成了倒數第一，她可受不了。我想咱們在水牛城的下一步行動是很明白的了。」

在得知《晚報》要出週日版的消息後，《信使快報》的管理層立刻陷入恐慌之中：一旦週日這塊黃金時段被分割，《信使快報》的倒閉就是難以避免的事情了。

在這種心理的作用下，《信使快報》決定先發制人，在《晚報》週日版首次發行的半個月前，突然向當地法院對《晚報》的行為提出控告，控告《晚報》違反了《反壟斷法》，指出《晚報》對水牛城市的報紙市場構成了壟斷，要求法庭禁止《晚報》發行週日報，企圖讓《晚報》週日版胎死於腹中。

經過一番艱難的法庭較量，最後的結果終於出來了，法官宣布允許《晚報》週日報的發行，但是卻對週日報的推銷工作、廣告版面等做了具體的限制。

巴菲特和《晚報》取得了勝利，但代價慘重，而《信使快報》雖然沒有得到想要的結果，卻對判決結果相當滿意，因為他們認為，這足以對《晚報》週日版造成毀滅性的打擊。另一方面，巴菲特的信心並沒有動搖，他決定與對方打一場市場爭奪戰，要讓《晚報》在內容和可讀性方面戰勝對

手，以此擠占《訊息快報》的市占率並最終擊垮對方。

雙方真正的戰爭一觸即發！最後的結果只有一種：你死我活！

《訊息快報》首先發動了攻勢，法院的判決也為其贏得了有利條件，他們迅速加快自己的現代化步伐，採用全新的高科技排版技術並全力改進設備、擴大版面，並把員工的薪水提高了 25%，以此鼓舞士氣。

而《晚報》卻是危機重重，其中最大一個危機來源於工會所號召的罷工事件。

原來，早在巴菲特收購《晚報》之前，報社的 13 家工會每年都會得到兩家報紙的巨額「好處費」。巴菲特對這種不正常現象大為不滿。而當時一家工會的負責者布魯根還想借《晚報》與《信使快報》的市場爭奪戰，再增加一些收入。

西元 1980 年底，布魯根領導工會的一些司機要求《晚報》增加人手，還要求在不工作時也要發薪水。顯然，這對報社是不公平的，於是巴菲特斷然拒絕了司機們的要求，並且鄭重聲明：「如果發生罷工事件，就將解雇全部的司機。」

當時，布魯根認為巴菲特不敢在與《信使快報》競爭的緊要關頭冒險。於是，第二天清晨，他讓司機們開始罷工，並且在主要街道進行遊行。罷工事件越鬧越大，並最終導致了報社不得不暫時性停業。在這場罷工中，最大受益者，當然是《信使快報》，於是他們鼓勵工人們為了換取更高的薪水而罷工。

就在此千鈞一髮之際，巴菲特使出殺手鐧，他果斷地宣布：如果第二天報紙不能正常出版，他就不會發薪水，並將解雇全體員工。此外，如果因為司機們的罷工影響了週日報的發行，他將取消週日報。

在巴菲特毅然決然的態度下，其他工會也開始給布魯根施加壓力，因為一旦報社倒閉對誰都沒有好處。在強大的壓力下，布魯根最終選擇了妥協，司機們也體面地結束了罷工，第二天的下午，《晚報》週日版正常出版，並且準時送到了消費者手中。

由於受到競爭對手多方面的攻擊，加上官司和罷工的影響，還有水牛城市的經濟也不景氣，1979 年，《晚報》損失了 440 萬美元，並且，1980 年至 1981 年，損失仍然繼續。

但同時，《信使快報》的日子更不好過，每年的虧損也高達 300 萬美元。《晚報》還有巴菲特的強力支持，可《信使快報》的投資者由於信心受阻，加上本身的企業出了問題，選擇了撤資，這直接導致《信使快報》不堪重負，終於在 1982 年宣布倒閉。

《信使快報》倒閉後，《晚報》統一了市場，也逐漸開始盈利，這一年巴菲特收回了 1,900 萬美元的投資報酬。之後，經過幾年的迅猛發展，《晚報》走進了水牛城市 75% 的家庭，在全美各大城市的報紙中獨占鰲頭。

巴菲特在報業上的投資獲得了最終的的勝利，他由此也正式邁入了美國報業大亨的行列。

婚姻生活遭遇危機

蘇珊的好友說過：「蘇珊是個很有情趣的人，她是一臺彩色電視機，和她比起來，大多數人都是黑白電視機。」不幸的是，巴菲特就是黑白電視機中色彩最黯淡的一個。

巴菲特的事業越做越大，人也越來越忙，他整天奔波在奧馬哈、紐約、華盛頓和水牛城等城市之間，這使得他很少有時間和妻子蘇珊待在一起。

沒時間陪伴妻子還只是巴菲特婚姻危機的外因，事實上，巴菲特與蘇珊的婚姻危機最主要的原因還在於兩人在生活中有隔閡和巴菲特在情感上的「出軌」。

認識蘇珊的人，都認為她是一個個性隨和且很具有韌性的女人。在和巴菲特結婚後不久，蘇珊就已經明白，巴菲特對待工作的態度就像是在完成某種神聖的任務，極為痴迷。但她還是想讓巴菲特盡量抽點時間和精力在家庭生活上，例如定時去度假、到餐廳用餐。她經常對巴菲特說一句話：「任何人都可以做父親（生父），但你應該做一個（關心子女的）Daddy。」但巴菲特卻偏偏不是這樣的一種 Daddy，更令人遺憾的是，對蘇珊的勸誠，他並沒有太過重視。

在和家人吃飯時，巴菲特偶爾也會因為一些趣事笑起來，但他很少說話，常令人覺得他心不在焉，不知道他腦子裡在想什麼。面對兒女們的嬉鬧，他也顯得有些不耐煩，總是交由妻子去「處理」他們，臉上似乎總寫著五個字：「家

事別煩我」。

　　有一次，蘇珊正忙於為舉家喬遷新居做準備。作為女人和妻子，想把新屋裝修得漂亮一點，這是再正常不過的想法。蘇珊粗略估算，裝修大約要花 1.5 萬美元，可當時的巴菲特，遠沒有現往豪爽，是一個非常有錢卻也非常「吝嗇」的人，他寧願多留點錢去錢生錢。得知妻子的想法後，巴菲特覺得如此多的裝修金額「幾乎是在要他的命」。妻子想花錢，老公想省錢，但兩人又都怕對方不高興，表面上沒出現大問題，可實質上對兩人關係已經產生了破壞。

　　在個人習慣方面，巴菲特是一個很不注重自己著裝的人，他的衣服總是穿到破得不能再破的時候才換新的。當然，《華爾街時報》也拍到過巴菲特身穿價值 1,500 美元名貴西裝的照片，但這種情況太罕見了。蘇珊為他買的衣服他經常不穿，或者乾脆退掉，這讓蘇珊心裡很不舒服。記者經常問巴菲特，為什麼一直不肯穿貴重一點的衣服，巴菲特用他特有的幽默回答：「我並不是不穿，只是名貴的服裝穿到我身上也就顯得便宜了。」

　　相比較而言，蘇珊更喜歡豐富多彩的生活。她曾慫恿巴菲特參加了一個「美食俱樂部」。一群夫婦集合在一起，這個月吃瑞典牛丸，下個月吃法國油煎薄餅。但巴菲特每次來到俱樂部，總是樂呵呵地要一份漢堡，這是他百吃不厭的食物。

　　蘇珊善解人意，愈是有困難的人，她就愈肯幫忙。就算

是對認識不深的人，她都會很用心聆聽。她在家中也扮演著這種「告解天使」的角色。隨著巴菲特事業的發展，子女們也漸漸長大，開始準備上中學，有朋友形容當時的蘇珊，就像一個沒有老公的單親媽媽。巴菲特偶爾也會在家人要求下，出席子女的學校活動，又或在子女打球耍樂時玩一兩下，但他從沒主動去處理跟子女的關係。蘇珊會教導孩子們，指父親有「特殊使命」，必須尊重。她告訴子女：「他只能是這麼多了。所有不要期望太多。」這句話，其實也適用於蘇珊與巴菲特的關係上。

蘇珊曾向一名好友形容丈夫是「一座冰山」。她很積極參與社區事務，設法令自己很忙、總是被很多人包圍，這樣就可避免孤獨。

逐漸地，蘇珊對婚姻生活失去了耐心，她不想繼續做一個委曲求全的太太，每天都配合著丈夫的個性生活，整天為家務所操勞，她也想有屬於自己的事業。她想到了年輕時就喜歡做的事 —— 唱歌。蘇珊認識巴菲特的時候，就經常在餐廳裡唱歌，現在，她想重新找回自己當初的夢想。西元 1975 年左右，蘇珊始嘗試在私人聚會的時候演唱。她很快就在正式的夜總會登臺亮相，穿著亮閃閃的衣服，看上去曲線玲瓏、性感迷人，大獲成功。隨後，蘇珊大部分的時間都在一家法式咖啡館的歌舞表演中擔任獨唱，這是奧馬哈市中心的一家高檔飯店。

巴菲特在蘇珊開始想唱歌時疏忽大意，沒有意識到潛在

的危險，反而熱心地鼓勵：「親愛的，盡量去做讓你高興的事情吧。」他萬萬沒有想到，這是他婚姻危機的開端。

　　1970 年代中期，巴菲特在投資《華盛頓郵報》時結識了一生的「紅顏知己」凱瑟琳・葛蘭姆，這更使得原本就已經風雨飄搖的婚姻直接走向了分裂。

　　上文我們已經說過，巴菲特與凱瑟琳之間建立了一種非比尋常的深厚感情和相互依賴的關係。巴菲特啟發她的財務觸覺，她幫助巴菲特提升時尚感覺。兩人不是「為公事」飛來飛去，就是躲在凱瑟琳的別墅裡傾心相談。凱瑟琳甚至試過在派對上將家門鑰匙擲給巴菲特，而巴菲特也在她的華盛頓寓所長期放置衣物，兩人關係很難不讓人產生疑問。對此，蘇珊曾向閨中密友直言感到「憤怒和羞辱」，但她最後還是寫了一封信給凱瑟琳，「准許」她與巴菲特來往。

　　心灰意冷的蘇珊徹底對與巴菲特的婚姻失去了信心。與此同時，她的演唱事業發展得越來越好，終於，西元 1977 年，在結束了奧菲厄姆的一場演出後，蘇珊決定離開丈夫，她搬出了曾經用心經營的在奧馬哈的家，並且在「藝術氛圍濃厚」的舊金山租了一套公寓，開始與巴菲特的分居生活。雖然如此，蘇珊與巴菲特卻從沒有離婚。蘇珊告訴自己的孩子，不論是從法律意義上還是在別的方面，自己並沒有也不會和巴菲特離婚，自己只是想擁有屬自己的生活而已。

　　對於蘇珊的舉動，毫無心理準備的巴菲特感覺極為驚愕、失落、絕望與無助。他不明白蘇珊為何要離開家，離開

自己和孩子，他打電話給蘇珊，電話裡，他哭成了淚人，他乞求蘇珊回來，說他不能沒有她。可蘇珊決心已定，她安慰巴菲特，自己是想對兩人關係做一個新的調整，並不是從此就形同陌路，兩人還會是夫妻，還可以像往常一樣聚會、度假、旅行。

事實真的是這樣，雖然兩人開始了分居生活，但他們幾乎天天都會通電話。一到聖誕節，他們就和孩子們在海邊別墅團聚，他們還和往常一樣去紐約度假半個月。

蘇珊越來越發現獨居的好處，她明白自己已經不可與巴菲特再回到以前了，但她一直都在關注著巴菲特，她不能讓自己法律上的丈夫每天以花生和爆米花為生，於是，一個大膽的想法出現了──為巴菲特找一位全職主婦。

有了這想法後，蘇珊介紹了奧馬哈的幾個女人去接近巴菲特，蒙克斯（Astrid Menks）就是這些女人之一。當時，蒙克斯只是咖啡館的女招待，相貌平平、樸實無華，已經30歲。這位來自立陶宛的移民和億萬富豪巴菲特之間有著天壤之別，她做夢都沒有想到自己會有一天和這個富豪扯上關係，但蒙克斯以一手出色的煲湯手藝贏得了巴菲特的心。最後，在蘇珊搬出去一年後，蒙克斯走進了巴菲特的老房子，兩人開始過起了同居生活。

蒙克斯和蘇珊一直保持著良好的朋友關係。每逢節日，她們會聯名為朋友們贈送禮物，落款依次是「巴菲特、蘇珊和蒙克斯」。

　　蒙克斯和巴菲特性情相投，可謂是天造地設的一對，他們在一起也能融洽相處。巴菲特不停地搜尋廉價股票，蒙克斯則去舊貨店或超市為這位億萬富翁買回打折的可樂。蒙克斯找到了一個夥伴和一種安全感，巴菲特則多了一個家人和一起吃牛排的人。蒙克斯給了巴菲特一個溫暖舒適的家，還把他的襯衫熨得筆挺，好讓他穿著體面地去見蘇珊。

　　就這樣，巴菲特與蘇珊和蒙克斯之間有了一種特殊的感情聯繫。蒙克斯照顧巴菲特的衣食起居，巴菲特離開奧馬哈後則由蘇珊負責照顧他。他們三人會一起去紐約和加州看望老朋友。漸漸地，巴菲特和朋友慢慢習慣了這樣的情景：巴菲特在晚會的主席臺上發表講話，臺下並肩坐著他的妻子和他的同居女友。

　　儘管分居多年，巴菲特一直對妻子懷有深沉的感情。2004 年 7 月 29 日，蘇珊因病去世，享年 72 歲。巴菲特望著死去的妻子只是不住飲泣。之後幾天，子女們都留在巴菲特家中，設法確保他不會單獨一人。每晚九時半，巴菲特都會服安眠藥入睡。巴菲特也試過致電給朋友，以便傾訴自己的心聲，但當對方拿起聽筒，巴菲特的喉嚨卻像被封起來，說不出任何話，只是不停的哭泣。孩子們發現，只要一提起蘇珊的名字，巴菲特就會止不住地哭泣。隨著葬禮臨近，最後他的女兒只好向父親說：「你還是不要來（葬禮）了。」巴菲特也只能說句：「我來不了。」

B 夫人—巴菲特心目中的理想商人

　　巴菲特的做法在現代社會或許有點奇怪，不過與 J・P・摩根的觀點不謀而合，那就是商業夥伴最重要的是人品。

　　西元 1983 年春天，在經過一番調查和分析後，巴菲特走進內布拉斯加家具世界，穿過擺放著可折疊沙發和餐廳用具的大廳，走進一個鋪著地毯的房間，見到了該店的女主人。這位女性身高不足 1.5 公尺，身體圓胖，她正站在點綴著藍色斑點的大地毯當中。巴菲特吃了一驚，他停下了腳步。在巴菲特看來，這個女人雖然身形矮胖，但給人的感覺卻極為高大，極具征服力，巴菲特覺得他寧可「和灰熊搏鬥」，也不願和羅絲・布魯根（Rose Blumkin）── 奧馬哈人都稱她 B 夫人（Mrs. B）── 競爭，但這正是他來的原因。

　　巴菲特小心翼翼地問她是否願意把家具店賣給波克夏・海瑟威公司。

　　B 夫人出乎意料地爽快：「願意。」

　　「那您願意出什麼價？」巴菲特還是沒有放鬆警惕。

　　「6,000 萬。」B 夫人不假思索。

　　巴菲特聽完 B 夫人的報價就走開了，但是，不久便帶著一張支票回來了。

　　最終，巴菲特以 5,500 萬美元的高價收購了位於奧馬哈市的內布拉斯加家具城 80% 的股份，其餘 20% 的股份由這家商店的管理部門持有。此時，這家商店的年銷售額大約是

8,800 萬美元。

　　雖然巴菲特只是走進這家商店並收購了它，但這並不意味著他沒有經過深思熟慮。在這之前，他就經常問自己：如果有足夠的資金、員工和從業經驗等必要條件，與該公司競爭的難度到底會有多大。以往，生性「吝嗇」的巴菲特在收購時討價還價，非常強勢，會透過各種合法的商業手段，以較低的價格把心儀的公司搞到手，這多少讓有些被收購方感到反感。不過，在收購 B 夫人的家具城時，巴菲特也表現出少有的慷慨，因為他欣賞 B 夫人的商業才能。

　　巴菲特理想中的商人正是 B 夫人這種類型的，她好像是從他的年度報告中蹦出來一樣，巴菲特讓她來幫助自己實現理想的價值。B 夫人堅決、果敢、有頭腦，很像巴菲特當雜貨商的祖父以及巴菲特崇拜的其他商業英雄們一樣。她的經歷是典型的「美國夢」的寫照。

　　西元 1893 年 12 月 3 日。B 夫人出生於莫斯科附近的一個小村莊，家裡一共有 8 個小孩。沙皇統治期間，她的母親曾經營過一個小雜貨店，而她父親是一名教師。後來，她說服了一位邊防士兵，並向他保證她會在買到軍隊需要的皮毛的同時，為他帶回一瓶伏特加酒之後就回來。她以這種方式逃到了美國，後來，她只做了兩件事情：經營她的生意和養活她的家人。

　　經濟大蕭條來臨以前，她全家的生活一直都很好。他的丈夫在奧馬哈經營著一家當鋪和舊服裝店。為了多賺點錢補

貼家用，B 夫人想盡了一切辦法。她去了當地的一些商店，對一些商品價格進行比較，於是，她印製了 10,000 份宣傳單，教男士們如何只用 5 美元就可以把自己從頭到腳打扮起來。發完這些宣傳單後，她賺了 800 美元。1936 年，她開始在她的地下室出售家具。

西元 1937 年，B 夫人 44 歲，她用存下來的 500 美元在奧馬哈的法納姆大街創立了內布拉斯加家具商城，之所以起這樣一個名字，是希望自己的生意越做越大。巴菲特曾開玩笑地說：「設想一下，如果有更多的錢，她會做什麼。」從她那時的照片中也可以看到一張堅毅的臉，黑黑的頭髮，挽著髻子，下巴結結實實的。她的經營方式就是她的座右銘：「薄利多銷、誠信不欺」。

大公司認為她的賣價太低，不可能賺到太多的利潤，所以拒絕給她供貨。可 B 夫人是個精明的生意人，她會坐火車跑到芝加哥或堪薩斯城，那兒有像馬歇爾・菲爾德（Marshall Field）這樣的零售商會以比成本價稍高一點的價格把多餘的貨賣給她。當她實在沒有貨時，就把自己的家具搬出來。

西元 1949 年，B 夫人被她的競爭對手起訴，說她賣東西過於便宜，有惡意競爭的嫌疑，然而，法官不僅做了對她有利的裁決，而且還決定在她的家具城裡購買價值 1,400 美元的地毯。

第二年，B 夫人沒有足夠的現金來支付供貨商的貸款。

有位很欣賞她的銀行家給了她為期 3 個月的 5 萬美元貸款。B 夫人決定背水一戰，她乾脆租下了一個大廳，3 天內進了價值 25 萬美元的家具，並暗暗下定決心：日後永不借債。就這樣，在 57 歲時，B 夫人終於實現了自己的財富夢想。透過控制成本和為顧客提供無微不至的服務，B 夫人所經營的這家家具城生意興隆，在巴菲特收購它之前，它已經是當地最主要的一家家具店。

巴菲特的妻子蘇珊一直與 B 夫人的一家保持著不錯的關係，巴菲特從她那裡得知這家家具店裝扮了近乎半個奧馬哈城，這讓他對這家家具店產生了強烈興趣。事實上，在他投資《華盛頓郵報》之前就想買下這個家具店，但是當時由於他出價太低，遭到了 B 夫人的拒絕。

遭到拒絕只會讓巴菲特的興趣變得更加濃厚，此後，他一直關注著這家家具城，欣賞著 B 夫人在商場上的叱吒風雲。

1970 年代初期，他就曾經告訴過作家亞當‧史密斯這是一家非常不錯的企業，並如數家珍地向史密斯介紹它的營業面積、銷售量、營業額等數字。

史密斯問他：「那你為什麼不收購它呢？」

巴菲特回答：「這不是一家上市企業。」

史密斯說：「哦。」

巴菲特說：「不過，總有一天，我會收購它的。」

所以，當聽到 B 夫人想出售這家店的時候，巴菲特就立

刻找上了門，於是就出現了本節開始的那一幕。

買下內布拉斯加家具商城的那一天，曾經與巴菲特一起經營彈子球生意的唐納德‧丹利也在奧馬哈。在吃完晚飯後，巴菲特帶著他逛了逛這家家居商城，並詳細地講述了 B 夫人一生的不平凡事蹟。當時的另一位參觀者，好萊塢製片人諾曼‧利爾說：「華倫對 B 夫人的崇拜就像個小孩。他提到 B 夫人時就像小孩提到自己的祖母一樣。」

因為巴菲特自己無意經營該商場，也不想監督過多，所以他想找一個能力出眾的管理者，好讓商場開業那天就步入正軌。B 夫人正是這樣一位自覺、自律的理想人選，理想得像個虛構人物。巴菲特當時在波克夏的年薪是 10 萬美金，可他卻付給 B 夫人 30 萬美金的年薪。平常他提起 B 夫人時就像提到個「英雄」。

多年以來，巴菲特經常會帶領他的朋友們去看望 B 夫人。在公司股東年會上以及年報中，他還誇張地描述隨著她的年紀越來越大，她是如何加快其家具商城發展速度的。他把 B 夫人描述成一位商界女英雄。

而 B 夫人所做出來的業績也的確沒有辜負巴菲特對她的欣賞與讚美，在收購這家家具商城一年零三個月之後，B 夫人為巴菲特賺到了相當於波克夏‧海瑟威紡織廠 19 年所賺到的利潤。

10 年後，也就是 1993 年，這家家居商城的收入由一億美元上升到了 2.09 億美元，純獲利達到 7,800 萬美元。

　　同年的早些時候，巴菲特在哥倫比亞大學商學院作演講的時候說：「羅絲・布魯根今年 12 月就要滿 100 歲了。附帶提一句，她現在每週仍然工作 7 天。晚上，商店會營業到 9 點鐘，你 9 點鐘的時候去那兒還能看到她。她開著她那輛小高爾夫球車在商店裡查看經營情況，如果她看到有銷售人員沒有接待顧客，她就會衝上前去，並用她的小車撞他，然後會表明她的觀點。」

　　「今年，我們預計這家商店的銷售額會達到 2 億美元。一位非常傑出的女士，一個非常優秀的家庭。她能夠做到如今這一切，完全是因為她有一個絕妙的頭腦和難以置信的渴望。」

　　同年，巴菲特在公司年報中寫道：「我很高興 B 夫人與我們建立了聯繫，她的商業故事將永遠不會停止，無論作為一個合作者，還是一個競爭者，我都是她的故事迷……但是，請相信我，我更喜歡做她的合作者。」

　　直到接近 103 歲的時候，B 夫人才開始減少工作時間，她解釋怠工的原因：「我沒有生病，我只是變懶了。」

　　如今，內布拉斯加家具商城已經發展成為北美地區最大的室內家具、家用電器、電子器件的零售店，其年銷售額已經達到了 5 億美元左右。

1987，股市大崩盤中的巴菲特

　　「如果你發現自己已經在陷阱中了，那麼，最重要的是

想辦法讓自己不要再往下陷。」

西元 1950 年代後期和整個 1960 年代，是美國經濟發展的「黃金時期」。經濟持續穩定成長，通貨膨脹率和失業率降低至歷史新低。到 1980 年代中期時，美國股市已經歷了 50 年的牛市，股票市值從 1980 年的 24,720 億美元上升到 1986 年的 59,950 億美元。自 1982 年起，股價走勢更是持續上揚，交易量也迅速增加，1987 年日交易量達到 18,060 萬股。股市異常繁榮，其發展速度遠遠超過了實際經濟的成長速度，金融交易的發展速度大大超過了世界貿易的發展速度。因為股市的高收益性，大量的遊資及私人資本源源不斷地流向股市，這些資金為追求短期利潤而在股市上從事投機交易，造成股市的虛假繁榮。

在這段長達 30 多年的股市繁榮下，也留下了許多陰影。西元 1973 年至 1975 年，以美元為中心的布雷頓森林體系瓦解，美國爆發了二戰以來最嚴重的一次經濟危機，致使通貨膨脹率上升，失業率很高。加之當時美蘇開展軍備競賽，大大削弱了美國的經濟力量，使國際甚至是國內的市場占有份額也不斷下降，外貿赤字和預算赤字不斷上升。隨著美國政府對金融市場管制的放鬆和對股票投資的減稅刺激，巨額的國際遊資湧入美國股票市場，促進了股價持續高漲。在 1987 年頭 9 個月中，僅日本購買美國股票的新增投資就達到約 150 億美元，股票價格已近崩潰。這些都意味著美國股市將經歷一場大的調整。

　　事實確實如此。從 1987 年 8 月以來，紐約股市即開始出現較大的波動，尤其是 10 月分的頭兩週股票價格不斷下降，在 10 月 5 日至 9 日，道瓊指數就下跌了 158.78 點，接著第二週又下跌了 235.48 點，其中 10 月 16 日一天就下跌 100 多點。但還是有很多人對股市充滿了信心，並且一如既往地湧向股票交易所。然而，巴菲特卻感覺到這股熱潮來的太迅猛，而且道瓊指數跌了近百點也沒有阻止投資者的信心，於是他開始緊張起來。

　　巴菲特開始實施他的第二條鐵律：當別人貪婪時，你要變得恐懼。早在 10 月 11 日，道瓊指數下跌了僅 158.78 點時，巴菲特就果斷賣掉了一大批股票。當時身邊的很多人根本不明白這是為什麼，巴菲特的助手大聲呵斥道：「命令很明確：把一切都賣掉。」

　　其實巴菲特在做這個決定時是經過仔細分析的。經過研究，他得出了一條結論：目前的大牛市是個危險區域，股價上漲的幅度超過了一些盈利公司發行債券的 12％ ～ 13％ 的股票。這時市場上股票的價格下跌 50％，他都不會覺得奇怪。所以，他決定賣掉股票。

　　終於，該發生的事情還是發生了！

　　西元 1987 年 10 月 19 日，星期一。

　　這一天，華爾街上的紐約股票市場刮起了股票暴跌的風潮，爆發了歷史上最大的一次崩盤事件。道瓊指數一天之內重挫了 508.32 點，跌幅達 22.6％，創下自 1941 年以來單日

跌幅最高紀錄。6.5 小時之內，紐約股指損失 5,000 億美元，其價值相當於美國全年國民生產總值的 1/8。這次股市暴跌震驚了整個金融世界，並在全世界股票市場產生骨牌效應，倫敦、法蘭克福、東京、雪梨、香港、新加坡等地股市均受到強烈衝擊，股票跌幅多達 10% 以上。

股市暴跌狂潮在西方各國股民中引起巨大恐慌，就在股災發生的第二天，一些投資者坐在辦公室舉著手槍對準了自己的太陽穴；還有一些投資者，爬上帝國大廈，他們大多都是紐約的金融經理、企業董事長和證券經紀人，他們從兩天前擁有百萬資產一下子變得債臺高築，面對如此大損失，他們想到的只有一個字，那就是「死」。於是，他們以縱身一躍來使自己得到解脫……

這一天被金融界稱為「黑色星期一」，《紐約時報》稱其為「華爾街歷史上最壞的日子」。

股市暴跌，巴菲特的波克夏公司股票也未能倖免。巴菲特個人 99% 的財富都是他控股的上市公司波克夏公司的股票。這一天之內巴菲特財富就損失了 3.42 億美元。在短短一週之內波克夏公司的股價就暴跌了 25%，

那麼，身處股市暴雪中的巴菲特如何反應呢？

在暴跌那一天，巴菲特可能是整個美國唯一一個沒有時時關注正在崩潰的股市的人。

他的辦公室裡根本沒有電腦，也沒有股市行情機，他根本不看股市行情。

　　整整一天，他和往常一樣安安靜靜待在辦公室裡，打電話，看報紙，看上市公司的年報。

　　這天，巴菲特只從辦公室走出來一次，他還對員工們說：「股價下跌對我們公司沒有什麼影響，大家該幹什麼幹什麼。」

　　過了兩天，有位記者問巴菲特：這次股災崩盤，意味著什麼？

　　巴菲特的回答只有一句話：也許意味著股市過去漲的太高了。

　　經過統計，這次股災使得波克夏・海瑟威公司的市值減少了 25%，巴菲特辛辛苦苦經營來的成果消失了四分之一。

　　對此，巴菲特卻處之泰然，他沒有恐慌地四處打聽消息，也沒有恐慌地拋售所有股票，面對大跌，面對自己的財富大幅縮水，面對他持有的重倉股大幅暴跌，他非常平靜。

　　原因很簡單：他堅信他持有的這些上市公司具有長期的持續競爭優勢，具有良好的發展前景，具有非常高的投資價值，他堅信股災和天災一樣，只是一時的，最終股災會過去，股市會恢復正常，他持股的公司股價最終會反映其內在價值。

　　事實證明巴菲特的自信的確是有資本的：隨著 10 月 27 日股市的緩慢反彈，波克夏・海瑟威公司不僅把暴跌的點數補了回來，而且在西元 1987 年還上漲了 5%！更讓人難以置信的是，巴菲特在整個 1987 年盈利高達 20%！

1987 年的股災給美國經濟乃至全球經濟造成了毀滅性的打擊，可巴菲特卻能始終保持自信和冷靜，並在當年創造了奇蹟般的盈利神話，他靠的是什麼呢？靠的是兩條寶貴的投資規則：一、永遠不要接受損失；二、永遠不要忘記第一條。簡單而明瞭的投資理念，讓巴菲特在大牛市的時候，沒有失去理性；而在熊市的時候，他又果斷地清倉，從而避免了更大的損失。

美國另一位投資大師彼得‧林區（Peter Lynch） 對 1987 年的股災也是印象深刻，每當他回憶起這次股災時仍然感到害怕：「那一時刻，我真的不能確定，到底是世界末日來臨，還是我們即將陷入一場嚴重的經濟大蕭條，又或者是事情還沒變得那麼糟糕，僅僅只是華爾街即將完蛋？」之後彼得‧林區繼續經歷過多次股市大跌，但仍然取得了非常成功的績效。為此，他提出了三個建議。我們驚奇地發現，他的這三個建議不僅是對投資者的最好忠告，而且與巴菲特在 1987 年股災中的表現竟然是驚人的相似，可謂是英雄所見略同。

彼得‧林區的三個建議是這樣的：

第一，不要恐慌而全部賤價拋出。林區談到，「如果你在股市暴跌中絕望地賣出股票，那麼你的賣出價格往往會非常之低。」1987 年 10 月的行情讓人感到驚恐不安，但是當年從 11 月分開始股市就穩步上揚。到 1988 年 6 月，市場已經反彈了 400 多點，漲幅超過了 23%。 —— 巴菲特正是這

樣做的。

第二，對好公司股票要有堅定持有的勇氣 —— 這一點，巴菲特也曾經告誡過投資者：那些無法做到自己的股票大跌，市值損失 50%，仍堅決持股不動的投資者，就不要投資股票。

第三，要敢低價買入好公司的股票。林區認為，暴跌是賺大錢的最好機會，「巨大的財富往往就是在這種股市大跌中才有機會賺到的。」 —— 股市崩盤時，市場上有的投資人瘋狂拋售持股，反倒是巴菲特等著撿便宜。他以極低的價格買進他中意的股票。在巴菲特的眼中所看到的盡是機會，而其他的投資人只看到恐懼。

史上最著名的投資案例：巴菲特與可口可樂

巴菲特最喜歡喝的飲料本來是百事可樂。但在 1987 年，一個朋友介紹他嘗試可口可樂公司生產的櫻桃口味可樂，巴菲特喝過後非常喜歡，由此愛上了可口可樂。

說起可口可樂，恐怕很少有人會說不知道。可以說，在某種意義上，可口可樂早已與好萊塢一起，成為美國文化的世界象徵了。而可口可樂公司的股票，正是巴菲特從買入之日起就一直堅定持有，並且屢次公開聲明希望永久性保留的股票。

可口可樂的財富故事可分為兩段：

· **第一段很古老**：祕方是約翰·彭伯頓於西元 1886 年

發明的，經過三年，轉手給藥商艾薩‧康德勒，只值
1,200美元（雖然那時也算是一大筆錢）；康德勒家族經
營了31年，以2,500美元的「天價」讓給伍德魯夫家族；
伍德魯夫家族經營至今已超過80年，可口可樂公司的市
值已超過1,730億美元。

‧ **第二段則就是由巴菲特所撰寫的**：1988年至1993年之
間，巴菲特花費13億美元收購2億股可口可樂的股票，
1998年底市值高達134億美元。一支股票10年漲了近
10倍，巴菲特僅此一項就賺了121億美元。但在談論可
口可樂公司的真正價值時，巴菲特概括說：「如果你給
我1,000億美元，讓我放棄對可口可樂的投資，我會把
錢還給你說，不可能！」

巴菲特與可口可樂的關係可以追溯到他的童年。他五歲
時得到第一瓶可口可樂，不久，他開始從他祖父的雜貨店裡
以六瓶25分的價錢取走可口可樂，再以每瓶5分的價錢轉
售給他的鄰居。

受1987年華爾街股災的影響，1988年初，可口可樂公
司的股價下跌了25%。這時，巴菲特立即出手，陸續購買了
7%的可口可樂公司股票，每股平均價格為10.96美元，投資
總額達到10億美元。

如此大規模的投資，在當時的美國股市上還是第一次。
當時可口可樂公司的高層還不知道是誰在購買股票，於是，
對此做了詳細分析，最後得出結論：應該是一位來自中西部

的不知姓名的證券經紀商在時不時地購買股票。

西元 1988 年秋的某一天，當時可口可樂公司董事會主席羅伯特‧高澤塔和公司總裁唐‧基奧正在研究公司股票走勢，突然間，基奧恍然大悟。他告訴高澤塔說：「你知道嗎，買股票的人很可能就是奧馬哈的華倫‧巴菲特。」

於是基奧馬上打了一個電話給巴菲特，直截了當地問他：「你好，華倫，我是可口可樂的唐‧基奧，你有沒有買可口可樂股票？」

巴菲特滿懷熱情地做了肯定回答。

巴菲特購買可口可樂公司的股票的消息一經公開，可口可樂公司與波克夏‧海瑟威公司的股票急劇上漲。

西元 1989 年初，巴菲特再次用波克夏‧海瑟威公司市場價值的 25％的價格購買了可口可樂公司 2,335 萬股的股票，這樣可口可樂的股票在波克夏‧海瑟威公司的投資組合中占 35％，巴菲特就此一度成為可口可樂公司最大的股東。而可口可樂也因巴菲特的加入，進入高速發展時期，隨即成為全球汽水第一供應商。

巴菲特之所以如此看好可口可樂的股票，其原因正在於可口可樂公司是當之無愧的滿足「巴菲特選股三步曲」全部要求的超級明星企業。「第一步，選擇具有長期穩定性的產業；第二步，在產業中選擇具有突出競爭優勢的企業；第三步，在優勢公司中優中選優，選擇競爭優勢具有長期可持續性的企業。」

在美國和西方國家，飲料是一個具有相當長期穩定性的產業。可口可樂從建立至今，數百年來一直穩執美國乃至世界飲料界之牛耳，霸主地位無人可撼動。眾所周知，可口可樂的配方，始終是世界上最昂貴的商業機密之一，而可口可樂的品牌，也始終是最具商業價值的世界品牌之一；世界上一半的碳酸飲料都是由可口可樂公司銷售的，這一銷量是它的勁敵百事可樂公司的 3 倍；在美國，碳酸飲料銷售額一年可達 500 億美元，而可口可樂公司和百事可樂公司就占據了 3/4；可口可樂公司向全球近 200 個國家約 1,000 家加盟者提供其糖漿和濃縮液，這 200 個國家同時也銷售其他 230 種品牌的飲料，可在這些國家中，可口可樂很少遇到對手。

強大的長期持續競爭優勢，使可口可樂成為巴菲特投資的首選目標企業。

可口可樂股票一直是波克夏公司最大的投資品種。巴菲特說：「你的一生能有一個好點子就已經很幸運了，而這基本上就是世界最大的一筆業務。可口可樂擁有世界上最有影響力的品牌，價格公道，深受歡迎 —— 在各個國家，它的人均銷售量每年都在增加，沒有哪一種產品能像它這樣。」

從西元 1988 ～ 2009 年，21 年間巴菲特持有可口可樂股票從未動搖過，投資收益率高達 681.37%。儘管這期間可口可樂也一度出現過業績下滑，但巴菲特堅持相信對其強大長期競爭優勢的判斷，而絕不把股價的一時漲跌作為持有還是賣出的標準。1997 年可口可樂的股票資產報酬率為 56.6%，

1998 年下滑到 42%，1999 年更跌至 35%。許多投資者紛紛拋售可口可樂的股票，但巴菲特不為所動。他繼續堅決持有可口可樂公司股票，並與董事會一起解雇了可口可樂原 CEO 艾維斯特，聘任達夫為新 CEO。果然不久之後可口可樂就重振雄風，為巴菲特繼續創造高額投資報酬。

可口可樂的百年輝煌業績，使它成為一個不敗的股票傳奇。媒體從 1930 年代就開始感慨：「儘管對其過去的業績記錄表示敬意，但我們也只能得出非常遺憾的結論：現在關注可口可樂公司為時已太晚了。」而事實卻是，即使對於希元 1938 年才新加入的投資者，可口可樂的投資盛宴也只是剛剛開始：如果你在 1938 年以區區 40 美元投資可口可樂公司股票，到 1993 年底就已經增值到 25,000 美元了，整整 600 倍的報酬率！

當有記者問巴菲特，為什麼他能在股票最低的時候買到可口可樂呢？巴菲特笑著回答說：「一是因為很多投資者在聽到我購買了可口可樂公司的股票以後，開始追風跟進，另一方面是他們常常把事情弄得很複雜，以至於得到了相反的結果。」此外，巴菲特還表示：「隨著時間的推移，能利用大量資金而取得高的報酬率才是最好的企業，而可口可樂公司就是這種企業。」

事實證明，成為可口可樂公司的最大股東，是巴菲特所做的最大、最滿意、最成功的投資之一。而選擇股票，真正有決定意義的，是公司久經考驗的長期持續競爭優勢，這則

是巴菲特投資可口可樂公司給我們的最大啟示。

投資吉列

那些說起來容易的事情做起來通常都很難，比如忠誠、嚴謹，比如將一支好股票長期持有。

愛迪生考察了 6,000 多種植物纖維之後，才發現竹絲燒成碳之後可作為電燈的燈芯；巴菲特持有吉列 16 年，最終才迎來超過 800% 的高額報酬。

有信念才能有堅持，而信念往往來自於價值判斷，而巴菲特相信，每天一早醒來，全世界都會有 25 億的男人要刮鬍子。

西元 1989 年，巴菲特開始入股吉列，他拿出 6 億美元買下近 9,900 萬股吉列股票，並且協助吉列成功地抵擋住投機者的惡意收購攻勢。在隨後的 16 年中，巴菲特一直持股吉列，即使 1990 年代末期吉列股價大跌引發其他大股東拋售股票時也不為所動。

按照巴菲特本人的說法，他之所以始終如一地持有吉列公司的股票，基於以下五個理由：

第一，源於巴菲特對吉列的價值判斷。

巴菲特對吉列的消費價值深信不疑。「每當我在晚上入睡之前，想到明天早晨有 25 億以上的男士不得不剃鬍子時，我的心頭就會湧起一絲喜悅⋯⋯消費者需要不斷更新自己的刀片，所以，他們對吉列公司產品的支出也會不斷增加。」

巴菲特對吉列發展前景充滿信心：「可口可樂與吉列公司可說是當今世上最好的兩家公司，我們預期在未來幾年它們的獲利還會以驚人的速度成長。」

第二，吉列是一家優秀的老牌傳統企業，這正是巴菲特所欣賞的投資對象。

吉列刀片已經有 100 多年的歷史。西元 1895 年，美國人金・吉列發明一次性刮鬍刀片，這是一個具有劃時代意義的商業發明。1901 年，金・吉列（King Camp Gillette）創立了美國安全刀片公司，1950 年代更名為吉列。到第一次世界大戰之前，吉列已經發展成為領導全球刮鬍刀行業的跨國公司。吉列曾經說：「對於個人用品來說，世界上還沒有什麼東西能夠像吉列刀片這樣，得到廣泛的認同和使用。我不僅能夠在挪威最北部的城市看到吉列刀片，撒哈拉沙漠深處的城鎮也可以找到它的蹤影。」

可以說，消費品領域，幾乎沒有一個公司能夠像吉列那樣統治本行業如此之久。這種穩定性是巴菲特選擇吉列的關鍵因素。

第三，吉列屬超級明星企業。

尋找超級明星企業是巴菲特投資理念的重要一環。他這樣說：「尋找超級明星，給我們提供了走向成功的唯一機會。」

要成為巴菲特感興趣的超級明星企業，必須滿足以下 6 個條件，而當時的吉列公司滿足了這些條件。

- 大型公司。
- 有穩定的盈利記錄，若只有未來成長或趨勢概念，並不能引起巴菲特的興趣。
- 股本報酬良好，收益佳，沒有負債或負債率低。
- 管理層能力好。巴菲特曾說：「我們持續受惠於這些所持股公司的超凡出眾的經理人。他們品德高尚、能力出眾、始終為股東著想，我們投資這些公司所取得的非凡投資報酬，恰恰反映了這些經理人非凡的個人品質」。
- 業務要簡單。如果涉及大量與科技有關的項目，巴菲特認為難以明白。
- 一個合理的價格。當時吉列公司由於行銷業務出了問題，陷入困境之中，面臨多方的敵意收購，股價跌落，巴菲特低位入市，用 6 億美元買下吉列近 9,900 萬股吉列股票。

第四，吉列在刮鬍行業中占有絕對統治地位。

每年全世界要用掉 200 億～ 210 億刀片。其中的 30%是由吉列公司生產的，按市場價值計算，全部銷售額的 60%屬吉列公司。吉列刀片在某些國家的市占率甚至達到了 90%，例如挪威、瑞典和墨西哥。

第五，吉列產品不斷創新，是消費者信得過的產品。

在人類生活中，每時每刻，一切都在發生著變化，刮鬍同樣也可以變成一種享受，而吉列公司一直在不斷地創新，他們不斷為人們創造出新式的刀片，他們的創新精神同時還

展現在公司的行銷能力及其在消費者心目中的地位……巴菲特這樣說：「每天早晨起床時，我都是從同一隻腳開始穿鞋的，並且總是先刮同一側的鬍子。」 在他看來，人類是一種習慣動物，如果人們對自己使用的刮鬍刀牌子感到滿意，他們沒有任何理由去更換另一種。

巴菲特長期持有吉列股票最終得到了報償：2005 年 1 月 28 日吉列被寶潔公司併購，其股票價格每股猛漲 5.75 美元達到 51.60 美元。這一漲，讓波克夏的吉列持股總市值衝破了 51 億美元。

以西元 1989 年波克夏最初在吉列投資的 6 億美元計算，這筆投資在 16 年中已增值 45 億美元，年均投資收益率高達 14%。如果投資者在 1989 年拿 6 億美元投資於標準普爾 500 指數基金，現在只能拿到 22 億美元。這就意味著巴菲特投資收益比標準普爾 500 指數基金高出一倍還多，用專業人士的話說就是巴菲特跑贏了大市。

所羅門的救世主

在所羅門的董事們看來，巴菲特集名譽、財富、權勢和智慧於一身，正是可以挽救所羅門的救世主。

所羅門兄弟公司是華爾街最富盛名的投資銀行之一，它創立於西元 1910 年，是美國獲利最多的證券經紀公司之一。在 1980 年代，該公司可以說是全世界最卓越的固定收益交易商。

　　西元 1987 年，美國股市崩潰之前，所羅門公司為了避免被別人惡意收購，於是找到巴菲特，最後巴菲特同意投資 7 億美元，成為最大股東。為了保險，他買的是所羅門公司剛剛發行的可轉換優先股（可轉換優先股是指發行後，在一定條件下允許持有者將它轉換成其他種類股票的優先股票。在大多數情況下，股份公司的轉換股票是由優先股票轉換成普通股票，或者由某種優先股票轉換成另一種優先股票），固定利率 9%。

　　起初情況一切順利，巴菲特的投資隨著所羅門股價攀升而水漲船高，但情勢沒過幾年就開始變調。1991 年，所羅門有位紅牌交易員企圖違反財政部的規定，對政府的證券市場進行逼倉。更糟糕的是，當公司主管發現這個問題時，卻沒有及時對官員或董事會報告。結果醜聞曝光，震驚了美國政府，財政部暫時取消了所羅門參與國債投標的資格。貸款要停，還要面對許多民事訴訟。公司的股價自然也大幅下跌，從 36 美元跌到 20 美元。所羅門公司的董事長和總裁不得不辭職。但是，找誰來接替呢？準備辭職的總裁想到了最大股東巴菲特。1991 年 8 月 16 日星期五上午，他打電話給巴菲特請求幫助，巴菲特猶豫了，因為他一向小心避免捲入此類糾紛中，但最終他還是答應了，畢竟這裡面牽涉著自己的切身利益，所羅門如果垮掉，巴菲特自身也會賠進去很多錢，於是，巴菲特很快從奧馬哈飛往紐約。

　　巴菲特在週末的董事會上被任命為所羅門公司的董事長

和首席執行官，這是巴菲特唯一一次擔任波克夏之外公司CEO 的經歷。

在這次董事會上，巴菲特開門見山的直言相告：所羅門公司的聲譽事關重大。他警告說，墨守陳規將會被市場淘汰 —— 所羅門公司的未來仰仗公司的聲譽，沒有聲譽就沒有所羅門，當然也就沒有大家的職位。

巴菲特說話直率、處事果斷，所羅門公司執行官們深受感動，報以熱烈的掌聲。

董事會開完以後，巴菲特一口氣做了 4 件事：

其一，為了聯絡方便，巴菲特把家中的電話號碼告訴了所羅門兄弟公司的幾位高層領導人，還發了封信要求他們一發現有錯誤指揮的跡象就馬上給他打電話。雖然這主要只是象徵意義，但這是簡單而有力的一個策略。而且，在美國，多數總裁是不喜歡在私人電話上接到工作訊息的。

其二，巴菲特和蒙格去拜訪證券交易委員會的主席理查德·布萊頓。布萊頓這時正準備把他的司法權擴大到債券市場。為維護自己的名譽，他警告巴菲特，他時刻在準備著「為找一粒砂子而翻遍整個海灘」。而巴菲特冷靜而堅定地對布萊頓說：「如果有人不和您合作，就隨時給我們打電話，我會在 20 分鐘內為您換個新人」。

其三，巴菲特同意了所羅門公司原高層的辭職，並且開除了負責政府債券交易的首席交易員莫澤爾和莫菲，同時任命東京的所羅門兄弟亞洲有限公司前任董事長莫漢為最高營

運長。引起所羅門兄弟公司醜聞的領導層都已經離開公司
了，新主管非常快地處理了人事問題，事件開始出現了良好
的轉機。

其四，在巴菲特的說服與保證下，美國財政部又取消了
對所羅門兄弟公司的證券業經營的限制，這使得銀行和客戶
恢復了與所羅門兄弟公司的業務往來。與此同時，巴菲特拜
訪了幾位政府審訊官員，使他們相信了自己的管理才能與智
慧。美國政府自然也不希望當時華爾街最大的證券經紀公司
就這樣土崩瓦解，而在證券業打拚了多年的巴菲特能夠出面
擺平這件事，無疑是一個最好的結局。

在巴菲特的一系列努力下，所羅門兄弟公司逐漸恢復了
正常營運。

隨後的一段時間裡，巴菲特穿梭於家鄉奧馬哈和紐約，
處理各種危機事務。他全力配合政府部門調查，並解雇了一
些需要承擔責任的人，因為只有這樣才能改善所羅門公司的
聲譽和影響。他要求公司嚴格遵守法律，「不僅是壓線的，
就是在線邊上的事情都不許做。」

1991 年 10 月 29 日，所羅門公司出資 60 萬美元，分
別在《華爾街日報》、《紐約時報》和《華盛頓郵報》刊登廣
告，內容是巴菲特致全體股東的信，以及最新經過修訂的資
產負債表。經過一系列努力，所羅門的聲譽逐漸恢復，客戶
也逐漸回來。當時，司法部和證券交易委員會打算對所羅門
公司定以重罪並罰款 4 億美元。1992 年 4 月，在聯邦法院，

巴菲特為所羅門公司作無罪辯護，他說：「雖然公司曾經陷入道德和財政危機，但一切已恢復正常，公司與 8 月分時相比已判若兩人。」

終於，所羅門兄弟公司被宣布不予起訴，各聯邦機構也宣布與其達成民事調解，調解花去了所羅門公司 2.9 億美元。美聯儲恢復了所羅門公司主要交易商的地位，一場危機化解了。所羅門業務重新恢復，蒸蒸日上。然後，巴菲特離開了所羅門公司董事長的位置。巴菲特在這個職位上只做了 9 個月，但如果沒有巴菲特在這 9 個月的努力，所羅門公司很可能已經不存在了。

巴菲特卸下重任以後，他任命羅伯特·丹海姆為該公司的最高執行官，在所羅門危機期間，這位高級律師一直與巴菲特共度難關。

羅伯特·丹海姆理所當然地承擔起處理所羅門公司所有後續的訴訟任務。巴菲特認為，丹海姆的工作完全符合自己的處世哲學：包括評價所羅門公司各分公司和部門的工作績效、為公司的高層管理人員制定薪酬計劃、確保公司事務符合法律規範、合理分配資金以及避免到期無法支付的風險。

在為所羅門公司明確了權責、劃分了權限之後，巴菲特再次回到了奧馬哈，重新履行他對波克夏公司所承擔的責任。

在 1993 年的所羅門兄弟公司年會上，羅伯特·丹海姆頒發 1 美元的薪水給巴菲特，以感謝他拯救了所羅門兄弟公

司。這張 1 美元鈔票包裝在一個樹脂玻璃盒內，代表著一個新的起點，同時也代表著所羅門兄弟公司對巴菲特的深厚感情。

需要特別指出的，巴菲特辭職時，所羅門股價比他就職前上漲了 25%。此後，巴菲特又買入了更多所羅門股票，後來，其股價一度最高上漲了 50%。1997 年，花旗以 90 億美元高價收購了所羅門公司。

與迪士尼的兩次「親密接觸」

作為一名偉大的企業投資者，巴菲特非常喜歡投資乃至收購優秀的企業，而不喜歡出售或者拋出股票，但事實上，他也曾做過傻事，比如，放棄對迪士尼的投資。明智的是，在機會再次來臨時，他沒有再次錯過。

迪士尼是總部設在美國的大型跨國公司，主要業務包括娛樂節目製作，主題公園、玩具、圖書、電子遊戲和傳媒網路。正金石電影公司，Miramax 電影，好萊塢電影公司（公司名），博偉音像製品，ESPN 體育，ABC 電視網都是其旗下的公司（品牌）。

此外，迪士尼還是全世界最受歡迎的吉祥物米老鼠與唐老鴨的「家」。

1995 年 7 月 31 日，迪士尼董事長艾斯納、大都會—美國廣播公司董事長莫菲與巴菲特聯合召開記者會，宣布大都會—美國廣播公司將用價值 190 億美元的迪士尼股票和現

金，合併迪士尼公司。

　　由於巴菲特是大都會—美國廣播公司的股東，伴隨著這個消息的宣布，巴菲特正式開始對迪士尼公司股票的收購。到 1997 年底，波克夏‧海瑟威公司一共購買了 2,156 萬股迪士尼股票。

　　事實上，這並不是巴菲特第一次投資迪士尼，早在巴菲特投資生涯早期，他就曾與迪士尼公司有過「親密接觸」。

　　西元 1965 年的春天，巴菲特的父親霍華‧巴菲特去逝，這對巴菲特造成了很大的打擊，那一段時間他心情極為低落。於是，他暫時放開了手頭的工作，開始四處旅遊，舒解憂鬱的情緒。在紐約時代廣場，巴菲特觀看了迪士尼公司最新推出的影片《歡樂滿人間》。巴菲特對這部電影並沒有多大的興趣，可在看到了眾多觀眾對影片的喜愛時，他開始計算了，一張門票能賺多少錢，一天能賣多少張門票，一部電影能賺多少錢，迪士尼公司能有多少利潤……由此，巴菲特對迪士尼公司產生了興趣，

　　夏天的時候，巴菲特又去了加州，並且和蒙格一家去了一趟迪士尼樂園。加州迪士尼樂園是世界上第一個迪士尼主題樂園，被人們譽為地球上最快樂的地方。當孩子們在樂園盡情玩耍的時候，巴菲特則在迪士尼樂園度假區裡邊，騎著車四處考察，計算著迪士尼公司的資產。

　　在迪士尼樂園，巴菲特還湊巧遇見了迪士尼的創始人華特‧迪士尼，兩人進行簡短的會晤。華特‧迪士尼正是巴菲

特心目中理想的企業家，他富有熱情和創造力，迪士尼在他的帶領下，事業蒸蒸日上。

當時，迪士尼公司的股票是十倍的本益比。如果以葛拉漢的標準，迪士尼公司並沒有足夠的安全邊際。但是，當時的巴菲特已經開始超越了葛拉漢的眼光，他看到了帳面價值之外的東西，那就是迪士尼公司巨大的無形資產：廣受歡迎的品牌，獨特強大的創造力，豐厚的報酬率。對於巴菲特而言，那些卡通畫和薄薄的電影膠片，與那些廠房機器一樣，是真實而且有份量的資產，儘管它們並不在帳面之上。於是，在西元 1966 年，巴菲特投資了 500 萬美元，買進了迪士尼公司 5% 的股份。

令人遺憾的是，巴菲特並沒有長時間持有迪士尼的股票，不到一年的時間，他又以 600 萬美元的價格售出這部分股份，他淨賺了 100 萬美元，可這無疑是一個巨大的錯誤。

所以，在合併迪士尼之後，巴菲特才會這樣說：「在 1960 年，整個迪士尼公司的市值大約在 8,000 萬美元左右，當時迪士尼樂園新添了一座造價 1,700 萬美元的海盜船，所以該公司是以海盜船的五倍價格出售，而我們投資了 500 萬美元，若我們持股至今，當年的 500 萬美元，等到了 1990 年，價值超過 10 億美元。這就是迪士尼的投資價值所在。」

在談到對迪士尼公司的印象時，巴菲特則說：「我知道米老鼠是迪士尼的一部分，因此投資迪士尼就是投資米老鼠，對於波克夏·海瑟威公司的所有人來說，這是個值得慶

祝的日子……」

　　不過，雖然巴菲特對迪士尼十分看好，但是還有一部分人並不看好迪士尼，因為迪士尼的經營結構比較單一，而且管理上有許多漏洞。更讓人難以相信的是，就連迪士尼公司的管理層也對股價產生懷疑。尤其在並購當天，大都會—美國廣播公司的股價從每股 96 美元漲至 117 美元，但迪士尼的股價只是小幅度地上漲。於是巴菲特和迪士尼一位高級主管打賭，賭注為 100 美元。

　　這椿併購案宣布後，隨著訊息的不斷傳播，再加上波克夏‧海瑟威公司的不斷收購，迪士尼公司的股票不久之後就開始一路上揚，巴菲特因此贏得了那 100 美元的賭注，而波克夏‧海瑟威公司的股價則上漲了 550 美元，達到了每股 24,750 美元。

　　巴菲特希望獲得盡量多的優質股票，而迪士尼的股票正是這一類型。這一次，他一共擁有迪士尼 3.5% 的股份。

　　不過，2000 年，巴菲特又將波克夏公司持有的迪士尼股份賣掉了一大部分，巴菲特對這一操作是這樣評價的：「我們對這家公司的競爭力特徵有一種看法，現在這個看法變了。」無疑，當時的迪士尼的確迷失了主方向，它不再是那個製作《白雪公主和七個小矮人》這樣的永恆經典的迪士尼了，首席執行官邁克爾‧艾斯納的愛好讓巴菲特感到不安。迪士尼在網路中揮金如土，把大把資金投入像 Goto.com 搜索引擎這樣的網站中，而且購買了像搜信這樣一些虧損的公

司，這樣導致迪士尼的主營業務偏失，競爭力下降。顯然當時的迪士尼不再符合巴菲特的投資標準了。

2008，全球金融危機下的巴菲特

由美國次貸危機引發的 2008 年全球金融風暴，不僅重創了各國金融機構，還引發了一場全球範圍內的「股災」。股市的暴漲暴跌深深牽動著世界各國每個股票投資者的神經，他們興奮沮喪，焦慮彷徨，都因為那起起伏伏的曲線。而此時的股神巴菲特又做了些什麼呢？

發生在 2008 年的全球金融危機又被稱為金融海嘯、信用危機及華爾街海嘯等，是一場在 2007 年 8 月 9 日開始浮現的金融危機。自美國次級房屋信貸危機爆發後，投資者開始對按揭證券的價值失去信心，引發流動性危機。儘管多國中央銀行多次向金融市場注入巨額資金，但還是無法阻止這場金融危機的爆發。直到 2008 年，這場金融危機開始失控，並導致許多大型金融機構倒閉或被政府接管，這其中就包括赫赫有名的花旗銀行。

全球面臨 60 年來最嚴重的金融危機！

這場金融危機使得全球無數富豪資產嚴重縮水，比爾蓋茲、巴菲特都不能例外，根據權威調查顯示，巴菲特在這場金融危機的損失竟高達 163 億美元。

但巴菲特並沒有因此而動搖投資信心，仍能逆市「撈錢」，同時也創造了 33 天逆市賺得 80 億美元的投資神話。

我們來一起看看巴菲特在這場全球金融危機的當下做了哪些「動作」

動作一：馬爾蒙控股公司，箭牌，羅門哈斯

2008 年年中，巴菲特旗下的波克夏公司向芝加哥的普利茲家族支付了 45 億美元，購得馬爾蒙控股公司 60% 的股份；投入 65 億美元幫助 Mars 公司收購口香糖生產商箭牌公司；出資 30 億美元協助美國陶氏化學公司收購特種化學品製造商美國羅門哈斯公司。

動作二：星座能源集團公司

2008 年 9 月 18 日，巴菲特透過波克夏公司旗下中美能源以 47 億美元現金收購星座能源集團，並立即向其注入 10 億美元流動資金。星座能源集團有限公司，是美國最大的能源批發商。因為流動資金不足和會計問題，加上金融市場的熊市震盪，其股票價格已經在華爾街降至歷史最低。

動作三：Tungaloy

2008 年 9 月 21 日，巴菲特旗下的一家公司與日本汽車零件製造商 Tungaloy 達成一致，以 10 億美元的價格收購後者 71.5% 的股份。

動作四：高盛

2008 年 9 月 24 日，波克夏公司宣布，計劃對高盛集團

投資 50 億美元，將用於購買高盛集團的永久性優先股，巴菲特還將獲得買入 50 億美元普通股的認股權證，可以在五年內行使，行使價為每股 115 美元，較高盛在 9 月 23 日的收盤價折讓 8%。在次貸危機不斷向縱深展開時，華爾街的五大投行已經倒下了三家，高盛雖然還沒有公布過財季虧損，尚沒有遭受抵押貸款相關的巨額損失，但其收益已經不斷縮小，該公司也無法迴避經濟危機的衝擊。因此，對於巴菲特的入股，高盛的管理層是求之不得。

動作五：比亞迪

2008 年 9 月 27 日，巴菲特旗下的 MidAmerican 公司與中國最大的充電電池製造商比亞迪電子公司達成協議，以 2.32 億美元的價格收購後者 9.9% 的股份。這次入股的比亞迪，本益比 10 倍左右，市淨率 1.5 倍，近 5 年公司的股東權益、淨利潤、銷售收入均平穩成長。受此次收購影響，比亞迪在香港股市上的股價迅速拉高，接近翻倍。

動作六：奇異

2008 年 10 月 2 日，奇異公司宣布，巴菲特管理的波克夏再度擔當起援救者的角色，同意從奇異私募發行中購買 30 億美元永續優先股，享有 10%/ 年的優先股紅利。同時在 5 年內可以按每股 22.25 美元的行權價格買入 30 億美元的普通股。巴菲特的風險是這家頂級公司宣布破產，而奇異是著名的老牌企業，多元化企業的典範，倒閉的機率不足 1%，也

就是說，一旦危機過去，巴菲特成功的機率超過 99%。

動作七：美聯銀行

　　2008 年 10 月 3 日，巴菲特持有大量股份的富國銀行宣布將以總價 151 億美元的價格收購美聯銀行。對此，巴菲特表示：「富國銀行收購美聯銀行，是一筆非常好的交易。」

　　巴菲特緊緊地抓住了這次機會，狠狠地賺了一筆。當然，肯定有人會問，為什麼在金融危機時期巴菲特要進行如此大規模的投資呢？

　　這與巴菲特獨特的投資價值觀有關。巴菲特認為正如投資者無需徒勞無功地花費時間擔心股票市場的價格，同樣地，他們也無需擔心經濟形勢。

　　投資人時常以一個經濟上的假設作為起點，然後在這完美的設計裡選擇股票來巧妙地配合它。這個想法在巴菲特看來是極為愚蠢的。

　　首先，經濟形勢是沒有人可以準確預測的，但投資人不能因此縮頭縮尾。巴菲特這樣說：「我無法預計股市的短期波動，對於股票在 1 個月或 1 年內的漲跌我不敢妄言。但有一種可能，即在市場恢復信心或經濟復甦前，股市會上漲，而且可能是大漲。因此，如果你想等到知更鳥報春，那春天就快結束了。」

　　其次，如果你選擇的股票會在某一特定的經濟環境裡獲益，那你就不可避免地會面臨變動與投機。不管你是否能正

確預知經濟形勢，你的投資組合將視下一波經濟景氣如何，而決定其報酬。巴菲特喜歡購買在任何經濟形勢中都有機會獲益的企業。

最後，巴菲特信奉長期投資策略，只要這次金融危機順利解決，股票市場恢復正常，巴菲特一定會賺到更多的錢，賺的一定會比賠得多，這是一定的。而這也是他會在金融危機下大量買進的原因。

最後，這也是巴菲特一貫的一個投資原則展現：當其他人都感到害怕的時候，機會就已經到來。巴菲特在評論這場金融危機時說：「當前的形式是 —— 恐懼正在蔓延，甚至嚇住了經驗豐富的投資者。當然，對於競爭力較弱的企業，投資人保持謹慎無可非議。但對於競爭力強的企業，沒有必要擔心他們的長期前景。這些企業的利潤也會時好時壞，但大多數都會在未來 5、10 或 20 年內創下新的盈利記錄。」

誰會成為股神接班人？

誰將掌管波克夏‧海瑟威公司高達 1,350 億美元的資產？誰又能扛起「全球最偉大投資者」 華倫‧巴菲特的大旗呢？

2007 年 5 月 5 日，美國內布拉斯加州奧馬哈城奎斯特中心展覽廳，波克夏‧海瑟威公司一年一度的股東大會在此舉行。每到這個時候，來自世界各地的波克夏公司股東們就會蜂擁而至，占領小城上幾乎所有旅館，奧馬哈城也迎來一年

中最熱鬧的時刻，其程度遠勝聖誕節、感恩節等重大節日。
這場被稱為「資本家盛宴」的股東大會，吸引了眾多投資者
像聖徒一樣到奧馬哈朝聖，聆聽世界上最著名投資大師簡單
質樸卻又奧妙無窮的投資哲學和投資策略。

2007 年的股東大會宛如一場嘉年華。一開場，美國老
來俏的鄉村歌手吉米‧巴菲特取代老朋友巴菲特率先亮相開
嗓。隨後，時年 77 歲的「股神」抱著夏威夷四弦琴與「奎
比姐妹樂隊」一起上臺表演。當他坐到其他 3 名樂手中間，
開玩笑說：「我也許很快要找個新工作。這次是我的首場演
出。」

而吉米‧巴菲特的一句調侃更是語驚四座：「我將接任
董事長和首席執行官。」

雖然是調侃，吉米卻恰好切中重點：「股神」正在選擇
接班人。這條消息很快引起媒體的高度關注，還準備了「小
巴菲特」的頭銜來迎接新「股神」的到來。

也就在 2007 年，巴菲特在一封致股東的公開信中專門
提到了繼承人問題：「我得告訴諸位，目前波克夏‧海瑟威
公司的董事會已經選出了 3 個候選人來繼承我目前擔任的工
作。如果我今晚就過世了，這 3 個人當中就會有人短時間之
內頂替我。這 3 個人每一個人都比我年輕。董事會認為，最
重要的是，這個繼承人一定要有出眾的工作能力和優秀的職
業素養，能夠勝任這個位子。」

巴菲特認為波克夏‧海瑟威公司現有管理架構中能繼承

他位子而且相當突出的合適人選並不明顯，他承認：「坦率地說，我們對於波克夏‧海瑟威公司現在的投資業務並不能做充分預備，這是有歷史原因的。曾經有一段時間查理‧蒙格是投資業務部門最有潛力的繼承人，可是後來還是盧‧辛普森成了負責人，但辛普森僅比我年輕 6 歲，如果我馬上過世，他當然能頂替我，可是從長期考慮，必須要有更加合適的選擇。」

作為波克夏‧海瑟威公司的當家人，巴菲特認為繼承人至少要滿足以下條件：

相對年輕，具有優秀的品格和特質

本來，巴菲特心目中較為理想的繼承人是現任 GEICO 公司的行政總裁盧‧辛普森。但辛普森僅比他年輕 6 歲，恐怕不久之後還得另選他人。因此，為了長遠利益，巴菲特將接班人定位在相對年輕的人的身上。

除了年輕，巴菲特認為考核繼承人最重要的標準就是品格。「選擇符合我們要求的這麼一個人並不容易。當然，從幾個有過成功投資記錄的人當中選出一個最聰明的人，也算不上比登天還難，因為一個人的智力程度和短期之內的經營業績，一般經過考核總能得到答案，可是判斷一個人長期的能力，特別是他如何勝任風雲突變的投資市場，才是最大的難題。」

巴菲特在股市跌宕起伏一輩子，對於「風險」的認識遠

遠超出了普通人，同樣，他也要求繼承人必須具備這方面的卓越能力，比如規避風險的能力。「資本市場變幻莫測，充滿著詭祕的色彩。一個致命的錯誤也許可以把經過幾十年累積孕育的出色業績徹底地毀滅。做我們這一行，必須對風險要有足夠的敏感，這種風險也許是當事人此前從未經歷的，但天生的職業敏感要求他必須足夠謹慎。當事人如果機械教條地套用某些金融機構使用的那些數理分析模式，往往就會忽略投資策略中隱藏的危險錯誤。這是我對繼承人最擔心的問題。」

此外，巴菲特強調領導者必須具備某些基本的特質。「性格和脾氣也很重要。獨立的思考能力、情緒與感情的穩定性、對投資者個人行為和金融機構集體行為的深刻理解，也是在資本市場獲勝的重要原因之一。我目睹過很多出色的年輕人很有潛力，可惜就是缺乏擔任團隊領導的基本特質。」

沉穩，能成為「雞蛋」守護者

巴菲特能長期立於不敗之地的一個重要原因在於，他是位穩健的投資者。因此，無論從股東的利益出發，還是從巴菲特的原則考慮，波克夏公司都會期待一位沉穩的接班人。

巴菲特說，一個人一生中真正值得投資的股票也就四五支，如果投資者的組合太過分散，反而會分身不暇。他引用馬克‧吐溫的話說，要「把所有雞蛋放在同一個籃子裡，然後小心地看好它」。

在他看來，沒人能成功地預測股市的短期波動走勢，因此短期投資是幼稚的，一個成功的投資者應該選准優質股票，進行集中的、長期的穩定投資。

辛苦經營了一輩子，巴菲特自然不希望自己現有的「雞蛋」毀於一次衝動的冒險嘗試，而是希望有人能將它們「孵化」，然後生下更多「雞蛋」。因此，不難想像，沉穩的繼承人才能讓他安心放手。

根據巴菲特以往的保守作風，在外界看來，新任接班人，很可能在波克夏公司內部選出，再由他手把手帶教培訓。經過分析師和投資者對波克夏公司的「地毯式排摸」，最有可能的是巴菲特的長子霍華‧巴菲特，其次是波克夏公司內部的另外 5 位高管。

霍華‧巴菲特（Howard Graham Buffett），54 歲，巴菲特長子

從目前看來，現年 54 歲的巴菲特長子霍華‧巴菲特最有可能成為巴菲特的第一繼承人，如果不出意外，他將會擔任波克夏‧海瑟威公司的主席。此前，巴菲特就已經許諾會將旗下一家市值約 16 億美元的基金交給兒子打理。而霍華‧巴菲特也會繼續在其父親的公司波克夏‧海瑟威公司董事會中任職。巴菲特也曾做過暗示，其退休後兒子將接棒波克夏‧海瑟威公司主席一職。

現年 54 歲的霍華‧巴菲特自 1995 年進入林賽公司董事

會，一直任職至今。始建於 1955 年的美國林賽製造公司是全球大型噴灌設備製造企業巨頭之一。林賽公司位於內布拉斯加林賽城。該公司的產品在全球多個國家均有銷售，並在法國、巴西和南非擁有生產廠家。在這裡的十多年中，霍華掌握了完整的管理技巧，並且將這家公司管理得有聲有色。

托尼‧奈斯利，65 歲，GEICO 汽車保險公司 CEO

GEICO 是巴菲特最喜歡的旗下子公司之一，巴菲特認為最適合出任 CIO 位置的路易斯‧辛普森也出自 CEICO 子公司，托尼‧奈斯利有機會在這個方面得到考官的「人情分」。巴菲特曾讚揚奈斯利「很有才氣」，唯一的缺點就是托尼的年紀也不小了，65 歲的他在眾位候選人中排行「老大」，與巴菲特提出的要相對年輕規則有點出入。

約瑟夫‧布蘭登，50 歲，通用再保險子公司主席兼行政總裁 CEO

布蘭登 1989 年加入波克夏‧海瑟威，2001 年被巴菲特選中擔任波克夏旗下經營不佳的通用再保險的首席執行官，是巴菲特幾大心腹人物之一。能被委任擔當波克夏投資旗艦中最重頭的保險業務，可見布蘭登實力。

阿吉特‧賈恩，57 歲，通用再保險業務部門負責人

同樣處理通用再保險業務的阿吉特‧賈恩，是約瑟夫‧布蘭登的有力競爭對手之一，在處理複雜保險業務、及時判斷和情緒穩定度上，阿吉特甚至要勝過當子公司 CEO 的布

蘭登。2005 年美國遭受颶風襲擊前，阿吉特曾「上書」巴菲特，建議削減公司的颶風保險業務。

理查德・聖圖利，64 歲，NetJets 公司 CEO

2005 年，巴菲特在波克夏公司股東大會上為理查德・聖圖利「吹捧」：「理查德了解航空行業，並正在致力於解決高燃油成本問題。他一天工作 16 小時，我對他重振這個企業的信心超過對其他人的，我認為不久 NetJets 便會開始盈利……」

大衛・蘇庫爾，52 歲，Mid American 能源公司 CEO

善於談判，敏於判斷，年輕的大衛・蘇庫爾是巴菲特喜愛的投資人。1999 年和 2000 年大衛著手實施的兩項私有化改革，讓波克夏的子公司 MidAmerican 業績大幅度提升，而且他敢於闖蕩的精神，很得暮年「股神」的喜愛。

卷四
生活篇 —— 以自己想要的方式生活

「投資吸引我的地方之一就在於能以自己想要的方式
生活,而不必僅僅穿的像個成功人士。」

用財富分享愛和關懷

「聚財是一個人聰明智慧的展現，而散財則是人生中一種境界更加高遠的大智慧。」

巴菲特靠著自己的聰明智慧和努力抒寫了最完美的財富人生，與此同時，他又用人生的大智慧創造了絕無僅有的慈善神話。而後者更為震撼人心，意義也更為深遠。

2006 年 6 月 25 日，巴菲特宣布將個人財產的 85% 逐年捐出給比爾及梅琳達 · 蓋茲基金會（Bill & Melinda Gates Foundation），市值達 370 億美元。這筆捐款創造了世界紀錄，也震撼了美國和全世界。

比爾蓋茲夫婦表示，巴菲特的決定讓他們「發抖」。「我們對我們的朋友巴菲特的決定充滿敬意，這將大大促進這個世界上最具挑戰性的事業，我們對此非常感激。」

巴菲特對自己的舉動作出了這樣的解釋，他說：「我不是財富的熱衷者，特別是當世界上還有幾十億人比我們窮得多的時候，安德魯·卡內基（Andrew Carnegie）說過，從社會獲取的巨大財富必將有一天重歸社會所有。當我們的財富已擴張到驚人的規模時，我們覺得唯一處理這筆財富的方式就是讓它回歸社會。」

巴菲特完全可以像許多富豪那樣將自己財產的一部分或者全部留給子孫享用不盡，但在巴菲特看來，「那種以為只要投對娘胎便可一世衣食無憂的想法，損害了我心中的公平

觀念。」因此，多年以前，巴菲特就對自己的子女明確表示：
「能從我的遺產中得到一個美分，就算你們走運。」因為「我
認為這有損於公平的競爭原則。」也正是如此，2001 年，當
布希總統（George Walker Bush）廢除遺產稅一年時，作為
最大「受益者」的富豪們，反而予以了最強烈的反對。包括
比爾蓋茲父親老威廉、巴菲特、索羅斯等在內的 120 名美國
大富豪聯名在《紐約時報》上刊登廣告：「請對我們徵稅」。
富豪們的理由是：取消遺產稅將使美國百萬富翁、億萬富翁
的孩子不勞而獲，使富人永遠富有，窮人永遠貧窮，這將傷
害窮人家庭和社會的平衡。

美國幾大基金會負責人一致認為，這次世界頭號和二號
富豪聯手捐助慈善事業會促使更多人回報社會。福特基金會
的總裁蘇珊·貝里斯福特評論說：「巴菲特的慷慨令人鼓舞，
我們有望看到更多的個人財富被投入到慈善事業中。這也預
示著慈善基金可以更多、更好地解決社會問題。」

事實上，在這次捐贈之前，巴菲特對慈善事業貢獻甚
少，這還引來了許多批評聲音。很多人由此以為這次捐贈是
巴菲特的一時衝動。其實不然，早在 1986 年 9 月，巴菲特
就在《財富》雜誌上發表了〈你應該把所有財富都留給孩子
嗎〉一文，表達了把自己的財富捐給慈善事業的願望。那
麼，為什麼直到 20 年後他才把這個願望付諸實施呢？

這裡面有三個因素：

· **第一個因素**：巴菲特當時認為，如果一個人能以更高的

速度累積財富，那麼他可以在 20 年後再考慮捐贈。作為「股神」，巴菲特無疑擁有超出常人的獲利能力，財富在他手中將比慈善基金會更能增值。

· **第二個因素**：其妻蘇珊 2004 年去世，是促使巴菲特決定捐獻巨額財產的重要原因。他最初的計劃是，自己去世後將財產留給妻子，由她將其用於慈善事業。

· **第三個因素**：巴菲特發現「慈善事業在很多方面都像做生意，僅僅走進這個領域是遠遠不夠的，你需要學習其中的一些特性」。他表示，自己並不擅長慈善基金會的運作，而希望選擇運作有效的慈善基金會，把財富捐給它們。比爾蓋茲基金會無疑能滿足巴菲特的要求。2000 年成立至 2006 年，該基金會的總資產超過 270 億美元，且每年至少對外捐助 10 億美元。這個富可敵國的慈善組織有自己的董事會，已經透明地運作了 6 年，取得了國際性的成就，表現出了比多數非政府組織強得多的效率。

巴菲特在簽署捐贈意向書後表示：「對於（比爾蓋茲）基金會所取得的傑出成就，我表示讚賞，我希望透過捐助的方式幫助拓展該基金會的能力。」

在捐贈之前，巴菲特和比爾蓋茲早已是好友，且兩人談論最多的話題之一就是慈善事業。經歷了近 20 年的交往，巴菲特確信，比爾蓋茲就是他能夠信任的慈善基金的管理者。

巨額的財富贏得了成就感，之後又還給社會，看似只落

得一點虛名，其實巴菲特的一生收穫頗豐。沒有人仇視他的財富，有的只是尊重和敬佩，一個富人能一輩子不為富所累，瀟灑走過一生。這種瀟脫，經常憂愁的詩人們沒有體驗過，眾多富豪也難得有幾個如此輕鬆自在。

從當年的美國「石油大王」洛克斐勒（John Davison Rockefeller）和「鋼鐵大王」卡內基，到當代的比爾蓋茲和巴菲特，在美國，關心慈善事業，捐獻大筆善款早已成為富豪們的一項義務和道德要求。比爾蓋茲就曾說過，巨額財富對他來講，「不僅是巨大的權利，也是巨大的義務。」

如何用好財富，無疑也是巴菲特的一項責任。而他熱衷慈善事業義舉的背後，則是整個美國社會文化的影響。

首先，在美國富豪中，慈善是一種傳統。對於富豪們來說，當財富累積到一定程度，財富本身也就只剩下一個數字，與其守著這個數字，還不如讓這個數字發揮更大的作用。巴菲特就非常認同卡內基的名言：「在巨富中死去，是一種恥辱」。

其次，富豪們更看重積極奮鬥的精神。對於這次捐出大筆財產，巴菲特就表示，他的子女們並沒有感到失望，因為對許多美國人來說，他們更看重積極奮鬥，白手起家，經歷失敗和成功。

再次，國家和社會的鼓勵機制。在美國，政府對超過一定限額的遺產要徵收遺產稅，對於富豪捐助慈善事業，則有一定的稅收減免政策，而從社會層面來講，為慈善事業捐助

所帶來的美譽，也鼓勵著巴菲特以及更多的富豪向慈善事業慷慨解囊。

當然，並不是每一個富豪都有慈善之心。對於巴菲特、比爾蓋茲等富豪熱心慈善事業的義舉，有美國人曾這樣評價：「他們將讓那些醉心於購買飛機、遊艇、豪宅供個人享樂的暴發戶們汗顏」。

個人愛好：有橋牌打，不介意坐牢

在偉大的橋牌運動員和偉大的股票投資者身上，的確都存在著直覺上敏銳的判斷能力，因為他們都是在計算著勝算的機率。他們信任自己基於一些無形的、難以捉摸的因素所做出的決定。

工作之餘，朋友、家庭和橋牌組成了巴菲特業餘生活的主要組成部分。每隔一年，他就會組織巴菲特社團的成員聚會，這些人都是他的老友兼密友。

除了打網球、高爾夫球和壁球外，巴菲特的業餘愛好還包括繪畫，但是橋牌是巴菲特最痴迷的愛好，這個愛好在巴菲特的生命裡已經存在 50 年。「橋牌比雞尾酒會更有趣」，他喜歡這樣說。

在專業教練的指導下，巴菲特的牌技已提升到一個新的水準。他對這項遊戲是如此的痴迷，以至於說出這樣的話：打橋牌時，我心無旁騖。我總是說如果能在監獄裡找到三個會打橋牌的獄友，我並不介意坐牢。

　　在 1993 年～ 1995 年間，以巴菲特為隊長的企業橋牌隊，在業餘橋牌比賽中，連續 3 年打敗了美國國會的橋牌代表隊。

　　巴菲特的橋牌教練 —— 沙倫・奧斯伯格是一位曾兩度奪得世界冠軍的國際橋牌大師。1993 年的一天，巴菲特正在和好友喬治・吉萊斯打牌時，遇到了卡羅爾・盧米斯，和她在一起的正是兩屆世界橋牌賽冠軍沙倫・奧斯伯格。

　　奧斯伯格似乎就是那種專為一種運動而生的人，大學時代，她就開始痴迷於玩橋牌，在成為職業橋牌選手前，她從事電腦工程師的工作。認識巴菲特時，她在美國富國銀行工作，主管公司最新開發的網路業務。作為兩屆橋牌世界冠軍的她，當時大概 40 多歲，是一位嬌小可愛的金髮女郎。

　　巴菲特對電腦一直比較排斥，不管作為好友、靠電腦起家的比爾蓋茲如何勸他，說盡電腦的好處，巴菲特都沒有接受這個「新興」事物。而奧斯伯格卻讓巴菲特改變了對電腦的看法。她認為巴菲特需要添置一臺電腦，就這件事，兩個人爭論了幾個月的時間。最後，還是巴菲特妥協了，奧斯伯格說：「我們從內布拉斯加州的家具城裡買了一臺電腦，並安裝在他的房間內。我們一週之內要玩幾個晚上。他確實喜歡打橋牌。」

　　就這樣，橋牌和奧斯伯格完成了甚至連比爾蓋茲都不可能完成的事情，巴菲特終於走進了電腦與網路時代。從那以後，巴菲特對電腦非常喜歡，甚至到了著迷的地步。他現在

153

經常到網路上瀏覽，此外，他還透過電腦發送、接受電子郵件訊息，查看公司報表等。他現在電腦技術很高，他從亞馬遜公司購買了很多有關電腦方面的書。

巴菲特還給自己取了一個在橋牌遊戲中用的暱稱「T型骨頭」（tbone），奧斯伯格在網上則使用「沙洛諾」（sharono）的名字，一週中有 4 ～ 5 個晚上，巴菲特會與奧斯伯格還有其他的橋牌愛好者透過網路來切磋牌技。

某個星期六的早晨，巴菲特打電話給奧斯伯格，邀請她一起聯網打橋牌。「T型骨頭」和「莎洛諾」在電腦空間尋找夥伴時，遇到了幾位來自以色列聲稱認識「莎洛諾」的人。他們解釋說，他們是以色列國家橋牌隊的隊員，為參加世界冠軍比賽在網路上練習。「T型骨頭」和「莎洛諾」和他們一起玩了起來。「我們輸了，但是，我們堅持下來。」奧斯伯格回憶說。她和巴菲特還結識了來自世界各地的像歐洲和南美洲的其他一些牌友。

巴菲特還曾經和奧斯伯格一起參加了世界橋牌錦標賽的男女混合雙打項目。他的水準自然不能和專業選手相比，但是巴菲特表現得異常專注，他可以沉重冷靜地面對對手，就好像是在自己家裡打牌一樣。賽場上的他坐在桌邊，一副若有所思的樣子，似乎屋子裡根本沒有其他人的存在。

最終巴菲特的專注彌補了他在技術上的不足，兩人竟然奇蹟般地打進了最後的決賽，這樣的結果讓奧斯伯格都感到吃驚不已，雖然她對自己的橋牌技術很自信。

不過，為了取得好的成績，巴菲特和奧斯伯格已經連續打了一天半的比賽了，巴菲特處於一種極度疲倦和痛苦的狀態中。而他唯一的休息時間僅僅只有一個小時，還要跑出去到處尋找漢堡吃。他看起來像是剛跑完一場馬拉松。決賽之前，巴菲特決定放棄，他對奧斯伯格說：「我想，我無法完成比賽了，我要退出！」

他們成為第一對取得決賽資格後退賽的選手，而且沒有受到任何處罰。這次退賽並不表示巴菲特怕輸，這恰好符合他在生活中的個性，以自己想要的方式去生活，絕不去強求什麼。

談到橋牌與股票的關係時，巴菲特說：「這是鍛鍊大腦的最好方式。因為每隔 10 分鐘，你就要重新審視一下局勢……在股票市場上的決策不是基於市場上的局勢，而是基於你認為合理的事情上……橋牌就好像是在權衡盈利或損失的比率。你每時每刻都在做著這種計算……」

巴菲特還說：「打橋牌時，你打出的每一張牌，都希望能得到你對家的支持和響應。在生意上，你辦事的方式是，最大限度地使你的部門經理和員工都能為公司竭盡全力地去工作。」

節儉是一種本色

法國大文豪大仲馬說：「節約是窮人的財富，富人的智慧。」可以說，節約本身就是一個大財源。

　　人類社會總是不斷發展，物質生活也日益豐富，人們的生活方式和消費觀念也在不斷變化，這是無庸置疑的事實。但這與提倡節儉並不矛盾，講節儉就是要珍惜人類有限資源和人類自身的勞動成果。

　　節儉既是一種傳統美德，也是一種創造財富的手段。節儉是很多富翁之所以成為富翁的財富基因。我們驚詫於跨國公司一張紙正反使用、信封重複使用的吝嗇，但正是這種吝嗇成就了眾多富有的企業和身價億萬的超級富翁。

　　對金錢的窮奢極欲只是無知的表現。節儉是一種積極、健康的生活態度和方式，窮要節儉，富也亦然。

　　沒錯，億萬富豪們大多乘著私人飛機，住著超級豪宅，享用著世界上最好的餐廳，在 Louis Vuitton（路易威登）購物。畢竟，他們非常富有。但是也有一些世界上最富的人並不奢華，他們很節儉 ── 至少以億萬富豪標準來看是這樣，巴菲特就是其中最為典型的一個例子。

　　當取代好友比爾蓋茲成為新一輪的全球首富時，有媒體朋友打電話向巴菲特表示祝賀，巴菲特卻幽默地表示：「如果你想知道我為什麼能超過比爾蓋茲，我可以告訴你，是因為我花得少，這是對我節儉的一種獎賞。」

　　對於巴菲特的自謙，比爾蓋茲也幽默地表示認可：「我很高興將首富的位置讓給華倫。上週末我們一起打高爾夫球時，他為了省錢居然不買高爾夫手套，而是用 OK 繃。雖然打起球來不好用，但他省了數美元。我想這是他當選首富的

主要原因。週末我們再次一起打高爾夫時，我必須連 OK 繃也不用，一定要勝過他。」

這些只是玩笑，巴菲特當然不可能靠節儉超越比爾蓋茲，後者也並不是一個奢侈的富翁。

不過，相對於巴菲特對慈善事業的熱心，他在個人生活上的節儉的確令人動容。

儘管有「股神」的稱號，擁有的財產即使再怎麼揮霍，也不見得能花完。但巴菲特沒有利用股東們的共同財產為自己建造任何紀念物，沒有巴菲特塔，沒有巴菲特大廈，沒有巴菲特大街，也沒有巴菲特公園……他為人低調，不愛拋頭露面，不喜歡張揚個性，生活方式尤其簡樸。

有人曾這樣描述巴菲特的穿著，「他身上的衣服總是皺巴巴的，領帶常常太短，位於腰帶上方好幾寸，鞋子也磨損得厲害，外套和領帶通常一點都不搭配，如果穿西裝，也是早就過時的保守樣式……」。

巴菲特在生活中「節儉」異乎常人。《華盛頓郵報》的掌門人凱瑟琳・葛蘭姆在自傳裡說過一個故事，有次在機場，她向巴菲特借 10 美分打公用電話，巴菲特從口袋中掏出一枚 25 美分硬幣，轉身要先去換錢，凱瑟琳叫住巴菲特，說她用那枚 25 美分硬幣就可以打電話了，巴菲特才不好意思地將那枚硬幣交給凱瑟琳。

2006 年 8 月 30 日，巴菲特 76 歲生日那天迎娶了 60 歲新娘蒙克斯，她與巴菲特已同居 28 年。

不少人可能會想，當時世界第二富翁的婚禮，況且是一起生活和等待了 28 年的女友，一定會規模宏大，十分奢侈和豪華。然而，出乎意料的是，這場婚禮只有 15 分鐘，由巴菲特的女兒主持，異常低調，獲邀前來的賓客也非常少。

巴菲特與 60 歲的蒙克斯穿著很普通。15 分鐘婚禮結束後，他們與客人一起到附近一家海鮮餐館用餐，沒有蜜月，第二天巴菲特按時到公司上班。

巴菲特吃東西十分簡單。他的午餐經常是爆米花、洋芋片和可樂。巴菲特最為人知的飲食偏好是喝可樂，已經過世的巴菲特夫人蘇珊曾經說他血管裡流的都是可樂。他住房的車庫和大門入口處，堆放了許多箱可口可樂。但他親自購買可口可樂總是會等到商場打折的時候，一次購買 50 箱，每箱 12 罐。

有一次，在香港出差時，巴菲特還用飯點贈的優惠券去買打折的麵包。

家人買件新衣服給他他卻拿去退掉，認為自己的舊衣服雖然已經穿了好幾年，但還能繼續穿。

西元 1958 年，巴菲特花 31,500 美元買了內布拉斯加州奧馬哈的房子。今天，巴菲特比那個時候的身家高出了幾百億美元，但是他還住在同一棟房子裡。

巴菲特喜歡漢堡包，喜歡昂貴的牛排。而當侍應生試著遊說他開一瓶稀有年分的葡萄酒時，巴菲特用手把杯口死死蓋住，說：「不用了，謝謝，我寧願把酒換成錢。」

巴菲特不僅自己節儉，還教育自己的子女要保持這種優良的習慣。當有人向巴菲特問及如何教導少年兒童理財的問題時，他的建議是：培養自己正直、誠實的品德，保持節儉，不要使你的信用卡出現赤字。

巴菲特與比爾蓋茲

在美國大公司中，高層領導人之間的純真友誼可謂鳳毛麟角。但美國當代最具影響力的兩位商業領袖──巴菲特和比爾蓋茲之間的友誼卻延續了 15 年，這不能不令人驚嘆。

在人際交往中，如果你抱著冷漠的態度，那麼，你就將與許多本來會成為你生命中重要的人失之交臂。在這一方面，即使是像比爾蓋茲和巴菲特這樣傑出、智慧的人物，也不能例外。

1991 年以前，巴菲特與比爾蓋茲還是兩個互不相干的人，彼此只聞其名，不識其人，兩人之間甚至還有很深的偏見：巴菲特認為比爾蓋茲不過是運氣好，靠時髦的東西賺了錢；比爾蓋茲則認為巴菲特固執、小氣，靠投資發財，不懂時代先進技術。但最終，他們成了商場上不多見的忘年之交，巴菲特多次公開說，這個世界上最了解他的人就是比爾蓋茲，而比爾蓋茲也一直把巴菲特當作自己人生導師。

那麼，這種轉變是怎麼發生的呢？

事情起源於他們在 1991 年春天的一次很重要的聚會，這也是他們第一次見面。那天，比爾蓋茲收到了一張邀請他

參加華爾街 CEO 聚會的請貼，主講人就是巴菲特，他不屑一顧，隨手丟到了一旁。比爾蓋茲的母親微笑著勸兒子：「我倒是覺得你應該去聽聽，他或許恰好可以彌補你身上的缺點。而且你所欣賞的《華盛頓郵報》的掌門人凱瑟琳‧葛蘭姆不也去嗎？你正好可以見見她。」 母親的話說動了比爾蓋茲，他決定前去赴會，認識一下這位大他 25 歲的前輩。

在聚會上，同樣在臆測中對對方抱有偏見的巴菲特見到比爾蓋茲後，略帶傲慢地說：「你就是那個傳說中非常幸運的年輕人啊。」 此時的比爾蓋茲是以一顆真心來結交巴菲特的，因此他沒有生氣，也沒有針鋒相對，而是真誠地鞠了一躬，「我很想向前輩學習。」 這讓巴菲特感到意外，心裡不由對這個謙虛的後輩產生了好感。

聚會時，巴菲特和比爾蓋茲有意坐到一起，巴菲特徵求比爾蓋茲對 IBM 所面臨變化和挑戰的看法。比爾蓋茲回憶道：「我當時正渴望有人來問我這樣的問題。」 那天他們愉快地談論了幾個小時，涉及政治、工業、社會、運動諸多方面的內容。巴菲特要比爾蓋茲推薦兩支科技類的股票給他，幾天以後，巴菲特各買了 100 股微軟和英特爾的股票，至今他還保留著這些股票。「我買這些股票，只是為了追蹤它們。」巴菲特說。

這一次的相會，成了兩位億萬富翁之間友誼的重要起步。

這一年的一個夏夜，比爾蓋茲因勞累過度失眠了，於是

他從書架上隨便取出一本雜誌，封面上的一個標題卻立刻吸引了他的眼睛：〈你應該把所有財富都留給孩子嗎〉。他再看作者的名字，沒想到就是剛剛認識不久的巴菲特，比爾蓋茲立即認真地讀起來。

很快，一行行的文字讓比爾蓋茲陷入對巴菲特深深的敬佩中，巴菲特在文章中指出：「財富應該用一種良好的方式反饋給社會，而不是留給子女。我深信遺產對於子女只會『弊大於利』，巨大的財富不僅會使他們好逸惡勞，成為紈絝子弟，而且並不能幫助真正需要幫助的人。」比爾蓋茲的心中反復回味著這句話。

凌晨 5 點，一夜無眠的比爾蓋茲驅車來到巴菲特的辦公大樓下面的停車場。7 點多，巴菲特的車子緩緩駛入停車場，等候多時的比爾蓋茲走下車去，上前激動地握著巴菲特的手說：「您的文章讓我一夜未眠，我第一次意識到，把所有東西都抓在手裡也許是個最大的錯誤！」巴菲特聽了比爾蓋茲的話，也很激動。在這篇文章發表後，幾乎所有的人都在諷刺巴菲特，認為他是在沽名釣譽。然而，比爾蓋茲卻看懂了自己的財富哲學。巴菲特緊緊擁抱比爾蓋茲，他終於找到了財富上的知己，儘管比自己年輕 25 歲，但是比爾蓋茲的智慧和才華，已經讓巴菲特深深敬佩和感動。兩人很快成為了好朋友，巴菲特欣賞比爾蓋茲的年輕有為，比爾蓋茲則尊稱巴菲特是具有大智慧的商業領袖。

在工作之餘，巴菲特經常在網路上和比爾蓋茲打橋牌，

往往一玩就是一整天。有一次，記者問比爾蓋茲：「除微軟的總裁以外，你最喜歡的執行總裁是誰？」他回答說：「華倫‧巴菲特。這個人很有頭腦，我喜歡有頭腦的人。他們不會拘泥於傳統的做法。」而稱自己和比爾蓋茲為「兩個非同尋常的人」的巴菲特，對比爾蓋茲對他的恭維回應道：「我沒有資格去判斷他的技術能力，但是我認為他的商業頭腦是非同一般的。如果比爾經營的是一個賣熱狗的攤位的話，他也會成為世界熱狗之王的。他不論做哪一行都會成功的。如果他做投資的話，他將會非常出類拔萃，但是，他那一行我卻做不來。」巴菲特告訴《富比士》雜誌的記者說：「比爾蓋茲是一個很好的朋友，我認為，他是我所見過的人當中最精明的一個。但是，我搞不懂這些小東西（電腦）是幹什麼的。」

巴菲特還使比爾蓋茲意識到了家人的重要性。每年 8 月 5 日是微軟舉行年會的日子，1993 年，比爾蓋茲邀請巴菲特做嘉賓，可一直沒得到回應。後來才知道巴菲特的妻子蘇珊高血壓病又發作了，巴菲特在照顧她，比爾蓋茲感動萬分，在愛人危難的時候，守侯在她身邊，這大概就是婚姻的意義吧，而自己一心忙於工作，與妻子的感情卻日漸冷漠，這實在是捨本逐末。

第二天，巴菲特安排好妻子後，懷著歉意如約來到會場。這時，他看到比爾蓋茲推著輪椅走了過來，細細一瞧，上面坐著的正是蘇珊，比爾蓋茲說蘇珊也是我邀請的嘉賓，

這讓巴菲特感動不已。

1998 年 12 月 24 日，巴菲特收到了比爾蓋茲妻子梅琳達的賀卡，上面寫著：謝謝您讓他明白他不是為自己活著，而是為所有愛他的人而活，比爾蓋茲能有你這個朋友真的很幸運。

之後梅琳達與比爾蓋茲去了趟非洲，在那裡建立了現在赫赫有名的比爾及梅琳達‧蓋茲基金會，每年拿出 10 億美元，幾年來他們陸續捐出了 150 億美元，比爾蓋茲說教會我這些的是我的妻子和巴菲特。

巴菲特的子女們

身為股神的子女，他們卻並不富有。

巴菲特和前妻蘇珊生有三個子女，都已經成家立業。

巴菲特的長女蘇珊‧巴菲特出生於西元 1953 年，雖然身為老大，但蘇珊並沒有得到父親巴菲特的特殊關愛。

身為巴菲特的女兒，童年給蘇珊留下了不少關於父親的有趣回憶。蘇珊上小學時，同學們討論自己的父親是靠什麼謀生，蘇珊說：「我的父親是一名證券分析師。」結果同學們都以為巴菲特是檢修報警系統的。

小時候不能向同伴講清楚自己父親的職業，長大後，蘇珊還是向記者坦言自己仍不知道父親具體做了些什麼。蘇珊說，「他不會在房間裡走來走去，說買哪些股票最值得之類的話，我從不知道他在買什麼股票，他可能問我喜歡吃什麼

牌子的糖果，或諸如此類的問題。」

　　因為是巴菲特的女兒，所以在很多人看來蘇珊肯定很富有。可實際情況並非如此，在接受記者採訪時蘇珊曾經說過：「他們不理解，當我父親開出一張 20 美元的支票，他給我兌換成現金時的心情。如果現在我有 2,000 美元的話，我會馬上還清我所有的信用卡帳單。」

　　雖然對父親的工作並不了解，但身為女兒，蘇珊很自然地關心父親的感情生活，上文我們就說過，巴菲特的第二次婚禮就是由她主持的。

　　和父親一樣，蘇珊也是一個很低調的人，從加州大學畢業後，她先在《新公眾》雜誌社工作過一段時間，接著很快又在華盛頓哥倫比亞特區擔任《美國新聞與世界報導》節目編輯的行政助理，雖然只有 525 美元的月薪，但她很愛這份工作。現在，蘇珊住在奧馬哈，離巴菲特的住處只有 10 個街區遠。她雖然是一名家庭主婦，但並不是一個無所事事的闊太太，如今讓她忙碌的事情就是如何在父親的慈善事業上發揮作用。

　　在巴菲特的三個孩子中，出生於 1954 年的大兒子霍華‧巴菲特無疑是「對世界最友好」的一個，因為他對農業、對環保、對公共事業可謂竭盡全力，為此他還欠下了「籃球之神」麥可喬丹一個人情。

　　霍華‧巴菲特是一名共和黨人，這與父親巴菲特正好相反，巴菲特是一名民主黨人。霍華曾擔任過一屆道格拉斯縣

委員會主席，任職期間積極倡導幫助窮人，並身體力行參加活動。1990 年，他邀請喬丹到奧馬哈進行為期兩天的表演賽。為了這個計劃，霍華準備了整整一年半，當他把長長的活動安排表拿給喬丹看時，喬丹說：「老兄，我不會做這麼多事的。」霍華說：「你要逼我跳河呀！」好在喬丹只是開玩笑，他接受了霍華的安排。活動也取得了成功，那次籃球表演賽共為青少年機構籌集到了 4.7 萬美元，喬丹開玩笑地對霍華說：「霍華，我要你記住一件事，你真的欠了我一個人情。」

在個性上，霍華也繼承了父親的優點，是一個非常講原則的人，他一直是美國國家乙醇燃料工業的支持者，他駕駛著一輛西元 1988 年生產的敞篷汽車，牌照上印著「酒精」兩個字，多年來，他一直積極倡導人們使用以玉米和糖為原料的燃料添加劑。

除了投身於環保，霍華還有一個重要的愛好就是農業，他上了一年大學就退學了，買了臺推土機投身農業，後來在奧馬哈北部經營了一個農場，成為農場主。或許是因為對傳統農業的熱愛，霍華似乎不願意接受新科技，他從來不用電子郵件。在閒暇時，他就周遊世界，拍攝各地的野生動植物，他拍攝的照片發表在雜誌上，還出版了一本攝影作品集。

生於西元 1958 年的老三彼得‧巴菲特是一個音樂天才，姐姐蘇珊說：「彼得很輕鬆地就學會了一些樂器。7 歲時，他

連樂譜都不會識，但他坐在鋼琴前開始彈奏時，比我這個已經上了 8 年鋼琴課的姐姐彈得還要好。」

　　彼得也沒有浪費如此好的音樂天賦，他在音樂中獲得了物質和精神的雙豐收，但更多的是精神。現在，彼得是一位著名的音樂家兼生意人，他創作音樂並靠此來獲得財富。

　　最值得一提的是，1991 年，彼得為凱文・科斯特納導演的第 63 屆奧斯卡最佳影片《與狼共舞》（*Dances with Wolves*）中的舞蹈場景配樂，而且，該片還獲得了第 63 屆奧斯卡最佳音樂和最佳音響獎。憑藉《與狼共舞》，在 1999 年，彼得・巴菲特又紅了一把，他創作的「靈魂 —— 在舞蹈、鼓聲和歌聲中的旅行」由美國公共廣播公司播出，結果大受歡迎，並受邀在全國巡迴演出。

　　除了配樂，彼得的大部分生意是為杜邦公司、美國有線新聞網路等公司錄製商業廣告中讀起來朗朗上口、且配有音樂的廣告語。對於彼得的音樂事業，父親巴菲特很支持，彼得說父親經常打電話給他、參觀他的音樂產業，並喜歡聽到有關他音樂事業的任何消息。彼得也坦言，父親對他的影響很大。

　　面對身家億萬的父親，雖然兒女們都有自己的不滿，但多表現出寬容和理解；而巴菲特也隨著年齡的增長，面對自己的孩子，也不再如往常一樣「頑固不化」。

　　在這三個子女小的時候，都在人生的關鍵時刻吃過父親「頑固」的苦頭。巴菲特曾給霍華買下了他現在經營的農

場,而霍華必須按期繳納租金,否則立即收回,這對於退學不久的霍華來說,艱難可想而知。艱難的處境往往更能鍛鍊人,巴菲特一家的朋友邁克爾‧延瑞評價霍華說:「他非常聰明,在政治上具有高度的敏銳感,但是,尤為重要的是,他繼承了他父親身上那種誠實、正直的美好品質。」

巴菲特對小兒子彼得音樂事業的支持絕對限於金錢之外。當年,彼得搬到密爾沃基市前,開口向父親借錢,這是彼得唯一一次向父親借錢,卻被拒絕了,巴菲特的理由是「錢會讓我們純潔的父子關係變得複雜」。後來彼得氣憤地去銀行貸了款。他說:「在還貸的過程中,我學到的遠比從父親那裡接受無息貸款多得多,現在想來,父親的觀點對極了。」彼得在接受美國媒體《洛杉磯時報》的採訪時坦露了心聲,「能和他談談我生活中所發生的故事,非常愜意,我透過讀書讀報也了解到父親生活中發生的故事。」

而對於巴菲特不把財產留給後代的決定,長女蘇珊曾含蓄地表達過不滿,她說:「我理解父親,但既然孩子已長大,他也應該適當放寬政策了。」

卷五
價值篇 —— 學習巴菲特：不可複製，但應該思考

跟巴菲特做生意，大家都能賺錢。

長期投資策略：選股重要，持股更重要

在巴菲特看來，股票投資絕不是閃電戰，而是持久戰，最後的勝利在於堅持，堅持，再堅持！

眾所周知，龜兔賽跑的故事有多種版本，下面這一個版本暗合巴菲特的成功之道。

第一次龜兔賽跑，兔子因為驕傲和懶惰導致了失敗，這讓它很不服氣，於是就要求烏龜與它再進行第二次比賽。烏龜說：「行啊，不過，這次咱們來個刺激的吧，跑馬拉松，看誰第一個到終點。」兔子說：「行，沒問題，馬拉松就馬拉松，這次我一定贏！」比賽開始了，這次兔子再也不敢偷懶睡覺了，它不斷地往前奔跑，很快把烏龜甩在了後頭。但是兔子有個壞毛病，就是喜歡東跳跳、西跳跳，結果，儘管它跑的速度很快，但由於不斷變換方向，它前進的距離卻並不遠。而烏龜則認定前進的正確方向，一直不停地往前爬，最終又一次率先到達了終點。而這時的兔子不知在森林裡的什麼地方正跳來跳去找不到方向呢。

寓言中，烏龜再次戰勝了兔子，那麼，現實中龜兔賽跑的結果如何呢？

在股市上，烏龜戰勝兔子也是一個常見的現象。短線頻繁買賣的投機者就是一個東跑西跑卻迷失目標的兔子，而長期持有的投資者就是朝著一個方向不斷前進並最終成功的烏龜。

　　巴菲特就是最成功的投資烏龜。他的成功最主要的因素就是他是一個長期投資者，而不是短期投資者或投機者。

　　巴菲特從不追逐市場的短期利益，不因為一個企業的股票在短期內會大漲就去跟進，他會竭力避免被市場高估價值的企業。一旦決定投資，他基本上會長期持有。所以，即使他錯過了 1990 年代末的網路熱潮，但他也避免了網路泡沫破裂給無數投資者帶來的巨額損失。巴菲特有句名言：「投資者必須在設想他一生中的決策卡片僅能打 20 個孔的前提下行動。每當他作出一個新的投資決策時，他一生中能做的決策就少了一個。」在一個相對短的時期內，巴菲特也許並不是最出色的，但沒有誰能像巴菲特一樣長期比市場平均表現好。在巴菲特的盈利記錄中可發現，他的資產總是呈現平穩成長而很少出現暴漲的情況。

　　從西元 1959 年的 40 萬美元到 2004 年的 429 億美元的這 45 年中，可以算出巴菲特的年均收益率為 26%。從某一單個年度來看，很多投資者對此也許會不以為然。但沒有誰可以在這麼長的時期內保持這樣高的收益率。這是因為大部分人都為貪婪、浮躁或恐懼等人性弱點所左右，成了一個投機客或短期投資者，而並非像巴菲特一樣是一個真正的長期投資者。

　　如將巴菲特旗下的波克夏‧海瑟威公司 32 年來的逐年投資績效與美國標準‧普爾 500 種股票價格指數績效相比，可以發現巴菲特在其中的 29 年擊敗指數，只有三年落後指數，

更難能可貴的是，當美國股市陷入低迷之際，巴菲特卻創下逐年「永不虧損」的記錄。因此巴菲特的投資理念不但為自己創造了驚人的幾百億美元的財富，其選股方法也相當值得全球投資人學習。

許多人認為奉行長期投資是非常困難的，那麼，還是讓巴菲特告訴他們應該如何做吧。2001 年 7 月 21 日，巴菲特在西雅圖俱樂部的演講中說：「我從不認為長期投資非常困難……你持有一支股票，而且從不賣出，這就是長期投資。我和查理都希望長期持有我們的股票。事實上，我們希望與我們持有的股票白頭偕老。我們喜歡購買企業。我們不喜歡出售，我們希望與企業終生相伴。」

如今，巴菲特持有美國運通、可口可樂、迪士尼、吉利刀片、麥當勞及花旗銀行等許多大公司的股票。巴菲特投資於這些經營穩健、講究誠信、分紅報酬高的企業，以最大限度地確保投資的保值和增值。

觀察巴菲特所長期持有的這幾種股票，幾乎每一種股票都是家喻戶曉的全球著名企業，其中可口可樂為全球最大的飲料公司，吉列刮鬍刀則占有全球 60% 便利刮鬍刀市場，美國運通銀行的運通卡與旅行支票是跨國旅行的必備工具，富國銀行擁有加州最多的商業不動產市場並位居美國十大銀行之一，聯邦住宅貸款抵押公司是美國兩大住宅貸款業者之一，迪士尼在併入大都會―美國廣播公司之後，已經成為全球第一大傳播與娛樂公司，麥當勞亦是全球第一大快餐店，

華盛頓郵報則是美國最受尊敬的報社之一，獲利能力又遠高於行業的平均水準。

　　分析這些企業的共同特點，在於每一家企業均具有強勁的市場競爭力，這使得這些企業擁有巴菲特所謂的「特許權」（Franchise），而與一般的「大宗商品」（Commodity）不同。巴菲特對此種特許權的淺顯定義，是消費者如果在一家商店買不到某種商品（例如可口可樂或吉列刮鬍刀），雖然有其他類似競爭產品，但消費者仍然會過街尋找此種商品。而且此種產品優勢在可預見的未來都很難改變，這就是他「長期投資」甚至「永久投資」的基本因素。

　　更重要的一點是巴菲特對這些企業的營運前景相當「確定」，因此他的投資風險相對大幅下降，他對許多機構投資人動輒買進一二百種股票的作法頗不以為然，因為在公司數目過多的情況下，經理人根本無法深入每一家公司的營運狀況，結果反而增加部分資金虧損的風險。

　　巴菲特曾將其在股票市場的「生財之道」總結為：「當我投資購買股票時，我把自己當作企業分析家，而不是市場分析家、證券分析家或者宏觀經濟學家。」巴菲特從名不見經傳到富可敵國，自始至終總是在資本市場上尋找著價值被低估的股票，而他對利用技術分析、內幕消息進行投機總是不屑一顧。這種可以稱之為過於自我的投資理念卻讓他長期獲利。

　　當然，巴菲特推崇長期投資的前提是，投資的企業必須

是一家具備長期成長性的優秀企業。

盡量避免風險，保住本金

「成功的祕訣有三條：第一，盡量避免風險，保住本金；第二，盡量避免風險，保住本金；第三，堅決牢記第一、第二條。」

頻繁的操作是投資者的天敵，這不但是熊市中被絞殺的最快路徑，而且也是牛市大忌。投資要想成功，需要做獵豹，但更需要做石頭。行情來了，就應該在第一時間，像獵豹一樣凶猛地撲殺出去，死死地咬住獵物不鬆口，而一旦行情反轉，就要做一個石頭，再也不操作。而且在股市的操作上，做獵豹的時間一定會很少，更多的時間是做一個石頭。

可是我們的很多投資者卻在不清楚風險或自己沒有足夠的風險控制能力下貿然投資，又或者由於過於貪婪的緣故而失去了風險控制意識。在做任何投資之前，我們都應把風險因素放在第一位，並考慮一旦出現風險時我們的承受能力有多強，如此才能立於不敗之地。

在巴菲特的投資名言中，最著名的無疑是這一條：「成功的祕訣有三條：第一，盡量避免風險，保住本金；第二，盡量避免風險，保住本金；第三，堅決牢記第一、第二條。」

為了保證資金安全，巴菲特總是在市場最亢奮、投資人最貪婪的時刻保持清醒的頭腦而急流勇退。西元 1968 年 5 月，當美國股市一片狂熱的時候，巴菲特卻認為已再也找不

到有投資價值的股票了，他賣出了幾乎所有的股票並解散了公司。結果在 1969 年 6 月，股市大跌漸漸演變成了股災，到 1970 年 5 月，每種股票都比上年初下降了 50% 甚至更多。

巴菲特的穩健投資，絕不做「沒有把握的事情」的策略使巴菲特逃避過一次次股災，也使得機會來臨時資本迅速增值。

「避免風險，保住本金」這八個字，說說容易，做起來卻大不容易。股市有風險，人人皆知，但是，當人們沉醉在大筆賺錢的喜悅之中時，頭腦往往會發熱，就很容易把風險兩字丟到太平洋裡去。

來看一個故事。

一家大公司要高薪聘用總裁的小車司機，應徵者絡繹不絕。最後，董事會經過商議，敲定了三位外型優秀、談吐不凡、具有豐富駕駛經驗的應徵者作為人選。

最後一天，三個應徵者同時來到這家公司，董事會只給這三人出了一個問題：「如果在懸崖邊有一塊金子，你如何做到把金子拿到而又恰好不掉入懸崖？」

「我會在離懸崖 3 公尺的地方把車子停下來，然後去把金子揀回來。」第一位應徵者回答。

「我會在離懸崖只有半公尺的地方巧妙地把車停下來，然後拿著金子就走。」駕駛經驗最久的第二位應徵者堅定而自信地回答。

第三位應徵者略加思索，便略帶羞澀地笑著說：「金

子啊，我還是不要了，我要盡力地離開懸崖，離得越遠越好。」

這家公司最後錄取的是第三位應徵者。

故事情節很簡單，結果出乎意料之外又在意料之中，一個看到金燦燦的金子卻無動於衷甚至後退的人卻在應徵中笑到最後。他傻嗎？他一點也不傻，面對金子或者是面對誘惑，他首先考慮的是自己的生命，因為他知道，離懸崖越近，他的生命受到的威脅就越大，拿生命做賭注去拿相比而言顯得微不足道的金子是不值得的。所以他選擇了遠離懸崖，選擇了放棄，縱使那閃亮的東西充滿著誘惑，散發著光芒，他毅然選擇駕車離開懸崖愈開愈遠。

第三個應徵者不失為一名智者，而相對而言，前兩者可以稱之謂「亡命徒」了，聽到懸崖邊有金子，只想著往前衝，根本沒有想到可能產生的嚴重後果，一心想去拿金子，卻沒考慮是否存在危險，是否值得為了金子或者為了少走一點路，而將車開向懸崖，此時生命正冒著巨大的風險，莽漢也！

投資其實和開車一樣，也是安全第一，盡量避免風險，保住本金 —— 自己的性命。身處股市，要學會放棄，懂得如何拒絕誘惑，有時候放棄也許是一種良策，因為放棄，你可能贏得很多。當然我們也並不是堅決反對冒險，而是說冒險一定要有尺度，如果籌碼是自己的全部家產，是孤注一擲的賭博，那就一定絕對不能去冒這個險。

　　暴利會誘發出賭徒心態。把股市看成賭場，以賭徒的心態來進入股市，那是極其危險的。有人把自己價值近 500 萬元的房產及汽車進行財產抵押，並透過一家融資機構運作，貸來 1,000 萬元現金，年利息為 20%，且規定，貸款機構監控股票帳戶，如果虧損掉本金 20%，即 200 萬，就會被金融機構平倉處理。到那時候，算上一年利息，3 套房子、2 輛汽車就要被沒收了。一旦投機失敗，被提前淘汰出局，翻身的機會也就失去了。此舉完全違反了巴菲特的投資名言，和上面故事中的前兩位應徵者有相同的心理，其結果，一旦投資失誤或者股市出現異常，「狼來了」，「熊來了」，那就逃也來不及。

　　因此，股民一定要記住巴菲特的這句投資名言：盡量避免風險，保住本金。

價格好不如公司好

　　「如果你能回答「買什麼股票」和「用什麼價格買」這兩個問題，你就成功了。」

　　公司的基本價值是其內在和本質，股票的價格只是其外表。

　　在波克夏公司 1989 年的年報中，巴菲特反思他在前 25 年的投資生涯中所犯的錯誤，他得出一個結論：以一般的價格買入一家非同一般的好公司要比（基於持續競爭優勢的價值投資策略）用非同一般的好價格買下一家一般的公司（葛

拉漢價值投資策略）要好得多。

「在犯下新的錯誤之前好好反省一下以前的那些錯誤倒是一個好主意。所以讓我們稍微花些時間回顧一下過去 25 年中我所犯的錯誤。當然我所犯的第一個錯誤，就是買下波克夏公司的控制權，雖然我很清楚公司的紡織業務沒什麼發展前景，卻因為它的價格實在太便宜了，讓我無法抵擋買入的誘惑。雖然在我的早期投資生涯中買入這樣的股票確實讓我獲利頗豐，但是到了 1965 年投資波克夏公司後，我就開始發現這種投資策略並不理想。」

「如果你以相當低的價格買進一家公司的股票，通常情況下這家公司經營會有所改善，使你有機會以不錯的獲利把股票出手，儘管這家公司的長期表現可能會非常糟糕。我稱之為『雪茄菸蒂』投資法：在大街上撿到一隻雪茄菸蒂，短得只能再抽一口，也許冒不出多少菸，但『買便宜貨』（bargain purchase）的方式卻是要從那僅剩的一口中發掘出所有的利潤，如同一個癮君子想要從那短得只能抽一口的菸蒂中得到天堂般的享受。」

巴菲特認為，除非你是一個清算專家，否則買下一般公司股票的投資方法實在是非常愚蠢。第一，原來看起來非常便宜的價格可能到最後一錢不值。「在陷入困境的企業中，一個問題還沒解決，另外一個問題就冒了出來，正如廚房裡絕對不會只有你看到的那一隻蟑螂。」第二，任何你最初買入時的低價優勢很快地就會被企業過低的投資報酬率所侵

蝕。例如，你用 800 萬美元買下一家出售價格或清算價值達 1,000 萬美元的公司，如果你能馬上把這家公司進行出售或清算，你能夠實現非常可觀的投資報酬。但是如果你 10 年後才能出售這家公司，而在這 10 年間這家公司盈利很少，只能派發相當於投資成本少幾個百分點的股利的話，那麼這項投資的報酬將會非常令人失望。「時間是優秀企業的朋友，卻是平庸企業的敵人。」

「或許你會認為這道理再淺顯不過了，我卻是經歷了慘痛的教訓才真正領會，事實上我在多次的教訓中學習了好幾遍。在買下波克夏公司後不久，我透過一家後來併入波克夏公司的多元零售公司，買了一家位於巴爾的摩的百貨公司。我以低於帳面價值相當大的折扣價格買入，管理層也非常一流，而且這筆交易還包括一些額外的利益：未入帳的不動產價值和大量採取後進先出法的存貨備抵。三年後我幸運地以相當於買入成本左右的價格脫手了這家公司。在結束了波克夏公司跟這家百貨公司的婚姻關係後，我的感想，就像鄉村歌曲中的丈夫們所唱的那樣：『我的老婆跟我最好的朋友跑了，然而我還是非常掛念我的朋友！』」

「我可以給大家舉出更多我自己買便宜貨的愚蠢行為，但是我相信你早已明白：以一般的價格買入一家非同一般的好公司要比用非同一般的好價格買下一家一般的公司要好得多。查理很早就明白了這個道理，我卻是一個反應遲鈍的學生。不過現在我們買入公司或股票時，我們不但會堅持尋找

一流的公司，同時我們堅持這些一流公司還要有一流的管理層。」

「目前，我們已經持有的優秀企業的價格並不是那麼吸引人。換言之，與企業的股票相比，我們對企業本身的感覺比對其股票的感覺更好。這正是我們沒有增持其股票的原因。儘管如此，我們投資組合中的大部分股票也沒有減持：如果在擁有合適價格的問題企業和擁有問題價格的合適企業之間進行選擇，我們寧願選擇後者。然而，真正吸引我們的是擁有合適價格的合適企業。」

透過一番分析，巴菲特得出最終的結論：與其把時間與精力花在購買價廉的爛公司上，遠不如以合理的價格投資好公司。

「我們的經營和投資經驗最終使我們得到的結論是，所謂『鹹魚翻身』的公司，最後很少有成功翻身的案例。與其把時間與精力花在購買價廉的爛公司上，遠不如以合理的價格投資好公司。」

選股如選妻：不熟不買，不懂不選

巴菲特認為，如果你把一項投資看成是不可能再重來一次的事情，就像是選擇妻子一樣，那你肯定會在投入之前做足功課。尋找愛人，你一定會盡量多地了解對方，並經過深思熟慮。同樣的道理，在選擇某家公司的股票時，你也應該充分了解這家公司的所有情況。

　　巴菲特為了追求資金的穩定成長，提出了著名的能力圈原則，其核心思想可概括為：不熟不買，不懂不做。意思就是不參與不熟悉、不了解的上市公司。只把自己的投資目標限定在自己能夠理解的範圍內。巴菲特多次忠告投資者：「一定要在自己的理解力允許的範圍內投資。」早在巴菲特經營合夥公司時，就經常有客戶打電話給巴菲特，提醒他要關注某些股票。巴菲特對這些人的回答總是一成不變：「我不懂這些股票，也不了解這些股票。我不會買我不了解的股票。」

　　幾乎每一年，巴菲特都要撰寫幾十頁年報，巴菲特說：「這也是我學習的一個過程」。他發現，有些東西他以為自己懂了，但要將它放在紙上向股東們解釋時，才知道自己並不很了解。所以，這個活動不但使他對各行業想得更深入，而且也使他更加了解自己的能力界限。

　　巴菲特強調，一個人的能力範圍多廣並不是最重要的，反而是認清我們能力的界限，才是最重要的。

　　在幾十年的投資生涯中，巴菲特一直堅守這一原則。只要觀察一下他長期持有的股票，我們就可以看出他在這一原則上的堅定性。

　　巴菲特長期持有可口可樂、迪士尼公司、麥當勞、富國銀行等企業的股票。我們發現，每一個都是家喻戶曉、聞名全球的企業，這些企業的共同特點就是基本面容易了解，易於掌握。

　　巴菲特因為只在他了解的範圍內選擇企業，所以對波克

夏所投資的企業一直有高度的了解。他建議投資人「僅在你的競爭優勢圈內選股，這不在於這個競爭優勢圈有多大，而是在於你如何定義形成優勢圈的參數」。

有人批評巴菲特畫地自限，使得自己沒有機會接觸如網路業等具有極高投資潛力的產業。但是巴菲特認為，投資的成功與否並非取決於你了解的有多少，而是在於你能否老老實實地承認自己所不知道的東西。他說：「投資人並不需要做對很多事情，重要的是要能不犯重大的過錯。」在巴菲特的經驗裡，以一些平凡的方法就能夠得到平均以上的投資成果。

巴菲特建議投資者一定要對「不熟不做」的投資原則多加利用，在操作過程中多投資一些自己熟悉的或者很容易了解的公司。在巴菲特看來，我們所能夠熟悉和了解的公司主要分為以下三種。

1. 自己所在地的上市公司。
2. 自己所處行業的上市公司。
3. 基本面比較熟悉、易於了解的上市公司。

易於了解的公司主要是指公司的基本面訊息容易收集，具體經營情況容易掌握。就收集訊息而言，很多重要的訊息都來自於上市公司的年報、半年報或季報。

巴菲特在研究判斷相關訊息時，主要透過以下兩個方面來評估股票的價值和股價升值的潛力。

1. 對上市公司現狀的分析。
2. 對公司未來發展的估算。

比如，巴菲特投資可口可樂是在西元 1987 年，當時他對可口可樂的現狀做了這樣的分析：

可口可樂是最大的飲料銷售者，有最好的品牌、最好的銷售管道、最低成本的生產商和裝瓶商，高現金流，高報酬，高利潤。

他對可口可樂未來發展的估算：

10 年後可口可樂的收益預計達到 35 億美元（事實也正是如此，大約是 1987 年進行分析時的 3 倍）。

透過這一系列的研究與分析，巴菲特得出的結論是：可口可樂公司的股票極具投資價值。

於是他集中投資，重倉持有。而這筆投資也成為他整個投資生涯中最成功的一例。

此外，巴菲特之所以不去投資電腦科技股，也是源於不熟不買、不懂不做的能力圈原則。因為這個行業不像零售或旅館業那樣能看到競爭者慢慢地進入市場。反之，一個年輕人只管在家裡地下室玩電腦，可能沒多久便會創造出更好的產品，一夜之間把你擊敗。

巴菲特比較客氣的說法是：他並不明白科技公司的行業情形。而比較不客氣的說法則是：電腦科技日新月異、變化快速，你能看到 10 年後的情形嗎？你能夠確保 10 年後，你的公司還存在嗎？就此，巴菲特對於電腦科技公司所抱持的

態度，是和外太空旅行一樣的：我們很尊敬、支持和感謝這些偉大的人物，但我們卻不想親自去嘗試。

在 1998 年底的股東大會上，他說得更直接：「如果你花錢買入這些網路公司的股票，你並不是在投資，而是投機。」

2000 年初，網路熱潮的時候，最受股市崇拜的，就是電腦科技公司，尤其是網路公司。但巴菲特卻沒有購買任何網路企業的股票。那時大家一致認為他已經落後了，但是現在回頭一看，網路泡沫埋葬的是一批瘋狂的投機家，巴菲特再一次展現了其穩健的投資大師風采，成為最大的贏家。

不熟不買，不懂不做。巴菲特的這個投資原則對於投資者有很重要的教育意義。它告訴我們：在做任何一項投資前都應該仔細研究調查，在自己沒有了解透、沒有想明白前，千萬不要倉促決策。比如現在大家都認為存款利率太低，應該想辦法投資。股市不景氣，許多人就想炒外匯、炒期貨、進行房產投資甚至投資黃金。其實，這些管道的風險都不見得比股市低，操作難度甚至還比股市大。所以說，在對一項投資項目沒有足夠的了解前，把錢放在銀行裡要比盲目投資安全得多。

反其道而行：把所有雞蛋放在一個籃子裡

「把所有雞蛋放在同一個籃子裡，然後小心地看好它。」

股市中經常可以聽到一句警語：「任何時候都不要把雞

蛋放在同一個籃子裡」。意思是說，買進股票可以多挑選幾支，進行分散投資，不要把資金集中到個別籌碼上，這樣可以分散持股風險，不會一次就把老本蝕光。一些投資大師也極力推崇這一觀點。客觀地說，這話有一定道理，尤其是一些剛入市不久的新股民，在不知道怎樣選擇股票、操作也不熟練時，的確可以多挑幾支找找感覺，東方不亮西方亮，這支不漲那支漲。從理論上看，這種分散投資法風險是可以減輕一些，但如果將其當成「至理名言」而捧為「神聖不可侵犯」，那就大錯特錯了。

巴菲特就採用的是完全相反的集中投資策略：「我們的投資僅集中在幾家傑出的公司上，我們是集中投資者。」巴菲特認為，必須集中投資於投資人能力圈範圍之內、業務簡單且穩定、未來現金流量能夠預測的優秀企業。「分散投資是無知者的自我保護法，對於那些明白自己在幹什麼的人來說，分散投資是沒什麼意義的。」在解釋過度的多樣化經營帶來的困難時，巴菲特還援引了百老匯主持人比利·羅斯的話：「如果你有 40 個妻妾，那麼對她們中的任何一個你都無法了解清楚。」

具體地講，巴菲特的集中投資策略有以下幾個核心內容：

其一，尋找傑出的企業。多年來，巴菲特形成了一套獨特的選擇可投資公司的策略，他對公司的選擇是基於一個普通的常識：如果一家公司經營有方，管理者智慧超群，它的內在價值將會逐步顯示在它的股價上。巴菲特的大部分精力

都用於分析潛在企業的經濟狀況以及評估它的管理狀況而不是用於追蹤股價。在尋找到優秀企業以後，巴菲特就會集中投資該公司的股票。

其二，奉行「少就是多」的原則。分散投資的一個不足之處在於，這種投資策略在一定程度上，降低了資產組合的利潤提升能力。「對投資略知一二」的投資者，應用巴菲特的原理，最好將注意力集中在幾家公司上。巴菲特集中投資思想源於菲利普・費雪，費雪是著名的集中證券投資家，他總是說他寧願投資於幾家他非常了解的傑出公司也不願投資於眾多他不了解的公司。費雪是在西元 1929 年股市崩潰以後不久開始他的投資諮詢業務的。他仍清楚地記得當時產生良好的經濟效益是多麼至關重要。「我知道我對公司越了解，我的收益就越好」。一般情況下，費雪將他的股本限制在 10 家公司以內，其中有 25％的投資集中在 3 ～ 4 家公司身上。

其三，下注於高機率事件上。費雪對巴菲特的影響還在於，他堅信當遇到可遇而不可求的極好機遇時，唯一理智的做法是大舉投資。像所有偉大的投資家一樣，費雪絕不輕舉妄動。在他盡全力了解一家公司的過程中，他會不厭其煩地親自一趟趟拜訪該公司，如果他對所見所聞感興趣，他會毫不猶豫地大量投資於該公司。他的兒子肯・費雪指出：「我父親明白在一個成功企業中占有重要一席意味著什麼。」巴菲特繼承了這一思想：「對你所做的每一筆投資，你都應當

有勇氣和信心將你淨資產的 10%以上投入此股。」

其四，要有耐心。集中投資是廣泛多元化、高周轉率策略的反論。在所有活躍的投資策略中，只有集中投資最有機會在長期時間裡獲得超出一般指數的業績。但它需要投資者耐心持股，哪怕其他策略似乎已經超前也要如此。從短期角度我們認識到，利率的變化、通貨膨脹、對公司收益的預期都會影響股價。但隨著時間跨度的加長，持股企業的經濟效益趨勢才是最終控制股價的因素。多長時間為理想持股期呢？這裡並無定律，巴菲特建議將資金周轉率定在 10%～20%之間。10%的周轉率意味著你將持股 10 年；20%的周轉率意味著你將持股 5 年。

其五，價格波動時不要驚慌。價格波動是集中投資的必然副產品。不管從學術研究上還是從實際案例史料分析上，大量證據表明，集中投資的追求是成功的。從長期的角度看，所持公司的經濟效益一定會補償任何短期的價格波動。

巴菲特曾多次強調：「多元化投資就像諾亞方舟一般，每種動物帶 2 隻上船，結果最後變成了一個動物園。這樣投資的風險雖然降低了，但收益率也同時降低了，不是最佳的投資策略。我一直奉行少而精的原則，我認為大多數投資者對所投資企業的了解不透澈，自然不敢只投一家企業而要進行多元投資。但投資的公司一多，投資者對每家企業的了解相對減少，充其量只能監測所投企業的業績。」

巴菲特認為，諾亞方舟雖然是最牢固的船，但不是跑得

更快的船。巴菲特進而提出：「多元化只是在保護無知，我們採取的策略是防止我們陷入標準的分散投資教條。如果你是一名學識淵博的投資者，能夠了解公司的經濟狀況，並能發現 5 至 10 家具有重要長期競爭優勢的價格合理的公司，那麼，傳統的分散對你來說就毫無意義，它只會降低你的收益率並增加你的風險。我不明白為什麼有些投資者會選擇將錢投資一家他所喜歡的名列第 20 位的公司，而不是將錢投到幾家他所喜歡的 —— 最了解的、風險最小而且有最大利潤潛力的公司裡。」

很顯然，巴菲特並不是完全反對分散投資，他反對的是過度分散，反對的是分散投資不了解的公司，他認為投資者應集中投資於 5 至 10 家最好的而又能以合理價格買入的公司。

在實際操作中，巴菲特的投資，幾乎有三分之二都集中在金融和消費獨斷性產業上。

1987 年，波克夏的持股總值首次超過 20 億美元。可令人大為吃驚的不是這 20 多億美元的天文數字，而是巴菲特手中僅持有 10 億美元首都—美國廣播公司、7.5 億美元 GEICO、3.23 億美元的華盛頓郵報公司的股票。世界上再也沒有一位投資者像他這樣，把 20 多億美元的投資全部集中在三種股票上，但巴菲特卻這麼做了，並且取得了巨大的成功。這就是巴菲特集中投資原則運用的結果。

股市生存的兩大法寶：控制情緒，保持理性

巴菲特認為，不以漲狂，不以跌懼，注重長期投資價值，讓理性成熟的投資理念而非人性欲望的貪婪恐懼來控制你的情緒，杜絕一切非理智的買賣衝動，你的投資理財就將會擁有一個美好而又穩健的未來。

《奧賽羅》（*Othello*）是莎士比亞筆下的四大悲劇作品之一。奧賽羅是威尼斯公國的一員黑人勇將，他與元老的美麗女兒苔絲狄蒙娜真心相愛並頂著巨大壓力成婚。奧賽羅手下有一個陰險狡詐的旗官伊阿古，一心想除掉奧賽羅。他精心設計挑撥奧賽羅與苔絲狄蒙娜的感情，奧賽羅信以為真，在憤怒中完全失去理智，他掐死了自己的妻子。當他得知真相後，悔恨之下拔劍自刎殉情。

「衝動是魔鬼」，戰功顯赫、智勇兼備的將軍奧賽羅在情緒失控之下，讓衝動戰勝了理智，犯下了不可挽回的過錯，一個英雄美人的愛情故事以徹底的悲劇收場。

對於投資理財而言，情緒的控制同樣意義重大而影響深遠。投資者的情緒容易被市場走勢所鼓舞或衝擊，當本能的從眾心理使投資者被市場所控制時，即使最堅定的投資者也會突然改變，做出非理性的選擇。此時理性讓位於情緒，頭腦讓位於本能，堅定讓位於易變。這種被情緒綁架的投資，會讓投資者蒙受巨大的損失。

巴菲特的導師葛拉漢曾說過：「無法控制情緒的人不會

從投資中獲利」。作為 1929 年大崩盤和經濟危機的親歷者，葛拉漢深諳情緒對投資有著多麼重要的影響，他的這句話可謂至理名言。

難以掌握好自己情緒的投資者總是會陷入一次又一次的衝動，或無視於風險熱情追漲，或絕望於機會悲情殺跌，最終無法逃脫失敗的命運，奧賽羅的情緒悲劇在投資理財中不斷被重複上演。

作為一個聰明的投資者，應始終保持平常心，不要被市場情緒所誤導，不要讓非理性情緒影響我們的每一次思考和行動，堅持用理性思維分析各種機會和風險，理性投資，獲取自己所能理解和掌握的收益。

巴菲特就非常崇尚理性的投資觀念，在具體的投資實踐中，他時刻保持穩定的情緒和理性的分析，這是他在多次股災中屹立不倒的兩大法寶，也是他在機會來臨時資本迅速增值的兩大利器。

在巴菲特的眼中，對於一個成功投資者而言，他不需要天才般的智商、非比尋常的經濟眼光或是內幕消息，所需要的只是在作出投資決策時的正確思考模式，以及擁有避免情緒破壞理性的能力。

巴菲特曾經發現一種很奇怪的現象：很多人習慣上不喜歡對他們不利的市場，而喜歡對他們有利的市場。當市場上漲時，他們就覺得樂觀，而當市場下跌時，他們就覺得悲觀。當他們把這種情緒變成行動的時候，往往會選擇在低價

時賣出，在高價時買進，但是很顯然，這不是利潤最大化的策略，也不是最理性的選擇。在別人貪婪時恐懼，在別人恐懼時貪婪。在巴菲特看來，當其他人都感到悲觀時，真正的投資者應當感到高興，因為他看到事情的真相：這是以低價買進真正優秀公司股票的最好時機。

對於投資者的非理性的行為，巴菲特有深刻的認識。他說：「事實上，人們充滿了貪婪、恐懼或者愚蠢的念頭，這點是可以預測的。而這些念頭導致的結果卻是不可預測的。」

事實也是這樣，股市中的人並非是完全理性的，而是有限理性的，存在許多行為認知偏差，從而導致價格偏離價值。

投資者要戰勝市場，就必須保證自己不要做出非理性的錯誤行為，然後才有可能利用其他投資者的非理性錯誤來獲利。

我們所講的這個道理其實就是巴菲特所謂的投資者與「市場先生」的博弈。

巴菲特曾經舉過一個市場先生的例子：設想自己在與一個叫市場先生的人進行股票交易，每天他一定會提出一個自己樂意購買的股票或將他自己手中的股票賣給你的價格。市場先生的特點是情緒很不穩定。因此，在他高興的日子裡，他會報出較高的價格，相反懊惱時，就會報出很低的價格。不過，市場先生的可愛之處在於自己受冷落時，從不介意。也就是說，如果他說的話被人忽略了，第二天他還會回來同

時提出他的新報價。對大家來說，市場先生有用的是他口袋中的報價而不是他的智慧。如果市場先生看起來不太正常，我們就可能忽視或利用之，但假如我們完全被控制，後果就難說了。

雖然巴菲特是以投資著稱於世的，但事實上他是一個深諳股市博弈之道的人，他很清晰地闡述了按博弈觀點考慮問題的思路。他把股市的生存之道簡化到了最簡單的程度 ──一場他和市場先生兩個人之間的博弈。

局面非常簡單，巴菲特要想贏，就要想辦法讓市場先生輸。那麼巴菲特是怎樣令市場先生輸掉的呢？他先摸透了市場先生的脾氣，他知道市場先生的情緒不穩定，會在情緒的左右下做出很多錯誤的事，這種錯誤是可以預期的，它必然會發生，因為這是由市場先生的性格所決定的。巴菲特自己則必須保持穩定的情緒，一邊冷靜地看著市場先生的表演，等著他犯錯誤，一邊理性地分析這些錯誤該如何才能為自己創造財富。

所謂市場先生，就是除自己之外，所有股民的總和，巴菲特洞悉了市場先生的弱點，其實也就是洞悉了股民的弱點，這也是他能在股票市場長盛不衰的一個根本原因。

投資理財是一個相當長期甚至貫穿一生的理性行為，要想作為一名真正優秀的投資者，就應當向巴菲特學習，堅持做到不被市場情緒所感染誤導，始終保持冷靜，要堅決規避情緒波動對投資的影響。

像巴菲特一樣閱讀

「沒有大量的閱讀，你不可能成為一個真正成功的投資者。」

在 2008 年波克夏‧海瑟威的股東大會上，一個 17 歲的小夥子問巴菲特：如何才能成為一名偉大的投資者？巴菲特的回答非常簡單：「讀一切可讀之物。」

巴菲特有著良好的閱讀習慣：他自稱 10 歲時就把奧馬哈市圖書館所有關於投資的書讀完了。日常生活中，巴菲特最愛看的是《華爾街日報》，為了能準時閱讀這份報紙，他一度跟奧馬哈郵局說好，每天半夜印好，先放一份在他窗臺上，他有時會半夜等待看第二天早晨的報紙。此外，他還喜歡閱讀一些自己欣賞的市場觀察人士對於股市的評論。但最有趣的是他還讀大量的行業報刊，包括《美國銀行家》、《主編與發行人》、《廣播》、《飲料文摘》、《今日家具》、《貝斯特之財險、壽險評論》、《哥倫比亞新聞業評論》、《紐約觀察家》和《紐約客》。

不難發現，這些報刊大多與他所投資的行業有關，但也有些令人頗感有趣。其中，《貝斯特之財險、壽險評論》是僅專注於保險領域評級的機構 A.M. 貝斯特公司發行的月刊，對保險業報導極為細節，而《美國銀行家》也不是市面上熱賣的金融雜誌，而是更專注於政策變遷的行業媒體。如果說波克夏‧海瑟威作為美國最大的保險公司之一，巴菲特對這

兩本專業雜誌的關注屬正常，那麼他對於媒體業的熱衷就多少有些出人意料：自從將迪士尼的股份出清後，他在美國主要的媒體投資就只剩下了《華盛頓郵報》了，但他竟然同時閱讀三份相關媒體的刊物。作為可口可樂的投資者，巴菲特閱讀《飲料文摘》並不讓人意外。但他還會格外關注對於紐約文化、政治、風物等話題多有關注的《紐約觀察家》及更為知識分子傾向的《紐約客》，這多少證明雖然身居美國中西部，但他對於華爾街所在地的主流思潮並不脫節。

巴菲特曾經說過：「我的工作就是閱讀。」而閱讀也確實為他帶來了投資機遇。

巴菲特每天會花大量的時間來閱讀企業的業績報告。在發現感興趣的公司後，會閱讀大量相關書籍和資料，並且進行調查研究，尋找年報後面隱藏的真相。

他把自己的投資歸納為閱讀和研究調查的結合。首先選擇自己了解的產品，然後找到相關公司的大量年報，及 10 年間所有關於這家公司的報導，深入鑽研，沉浸其中。在讀完這些材料之後，他會四處奔走，對這家公司的雇員、競爭對手進行訪談，就像記者採訪一樣。最後他把這家公司的經營像故事一樣寫出來，以便驗證自己的思路。

對於巴菲特的閱讀習慣，投資夥伴蒙格深表贊同，他說：「沒有大量的閱讀，你不可能成為一個真正成功的投資者」。

那麼，作為普通的投資者，應該怎樣向巴菲特學習閱

讀呢？

　　首先，你要捨得投入時間。忙不是藉口！如果世界上最富的人都能每天花兩個小時來閱讀，你怎麼就不能抽出時間呢？合理安排一下每天的行程，把一些工作授權，少看點電視，都可以幫你節省出整塊的閱讀時間。總之，忙得沒有時間閱讀的人，一定不會成為一個好的投資者。

　　其次，要選擇有價值的讀物。對於從事投資的人士來說，企業年報是免不了的功課。其他的商業財經人士，可以選擇比較嚴肅的財經媒體，如英文的《金融時報》、《經濟學人》、《商業週刊》和中文的《21世紀財經報導》、《經濟觀察報》等報刊。這幾個報刊都是由精通金融、經濟的編輯團隊出版，並各有所長，結合在一起會成為非常好的「閱讀組合」。

　　其三，要訓練自己的閱讀速度。試想，如果巴菲特讀完一份《金融時報》需要一天的時間，那他還哪有時間做別的呢？研究人員還發現，閱讀速度越快的人，對訊息的理解反而越好。我們在學校的時候，發現一些學生學習進度特別快，考試成績也比別人高出一大截，這也間接驗證了這個道理。對於有志於從閱讀中提升投資水準的人來說，你要做的就是在提高理解率的同時盡量提升閱讀速度。

學習巴菲特的幾個迷思

　　有很多人追捧巴菲特，效仿巴菲特的投資方法，但結果

許多人不但沒有賺大錢，反而虧了錢。他們的失誤在於生搬硬套、教條化理解巴菲特。

總的說來，人們學習巴菲特往往存在著以下幾個迷思：

迷思一：好公司就等於好股票

對於巴菲特，許多投資者只知道他衷情於優質企業，卻忽視了「安全邊際」這一更為根本的投資準則，即：投資中最重要的不是好公司，而是好價格。

很多投資者以為只要是投資好公司，未來就一定有好的投資報酬，這是非常錯誤的想法。舉一個例子，再好的公司，遭遇了 2008 年大跌三分之二的大熊市，股票同樣會慘跌，甚至比指數跌得更慘。結果，很多買這些好公司股票的人因此開始懷疑巴菲特理論，認為自己按照巴菲特說的做，投資好公司，怎麼還賠了呢？原因很簡單，因為這些人學習巴菲特只學了一半，巴菲特是主張要買好公司，但前提是價格要合理。記住巴菲特投資績優的完整理念：好公司＋好價格＝好股票。

股票價格是我們做出投資決策的重要依據，離開價格這個必要的投資參照，投資者對企業內在價值的分析就毫無意義可言，所謂買進價值低估的股票和賣出價格被嚴重高估的股票無疑也就成了無源之水，無本之木了。

投資大師費雪在總結他的一項失敗的投資教訓時說：「關於這家公司的潛力，我的研判可能是對的，可是這卻是一次

差勁的投資。我所犯的錯誤，在於為了參與這家公司的美好的未來，付出的價格不對 —— 可是持有那麼多年後才嫌到微薄的利潤，不是資本成長之道，更別提保障老本不受通貨膨脹的侵蝕。」

投資股票的目的在於盈利，如果因為好的公司而忽略其股票價格的好壞，那麼你會為此而付出不應有的代價。

迷思二：長期持股可以不關注股票行情

上文我們已經說過，巴菲特一個重要的投資策略就是長期持股，一旦某家公司的股票被他選中買人，投資期少則一年，多則數年甚至幾十年。可是，在巴菲特的辦公室裡從來沒有報告股市行情的機器。在巴菲特看來，如果打算長期持有一家優秀公司的股票，那麼股市每天的變化對你來講是無關緊要的。但是，我們的投資者如果由此推斷說巴菲特對股市行情、股票價格等不聞不問，那就大錯特錯了。

根據安全邊際法則，巴菲特總是根據股票的內在價值和市場價格的對比情況來決定是買入還是賣出：股票的市場價格跌落到安全邊際之內，他就大膽買進，相反，如果市場的非理性力量使公司股價被嚴重高估，他也會即時拋出。因此，如果沒有股票的市場價格做參照，巴菲特也會感到無所適從。

與一般投資者不同，巴菲特從不把精力全部用在察看股價走勢的漲跌上。巴菲特是個出色的股票投資分析家，可是

在吵吵嚷嚷的股票交易大廳，人們卻幾乎見不到這位投資大師的身影。不僅如此，他對股票的 K 線形態、技術走勢也從來不感興趣。他對股價關注僅僅是由於對股票的市價和內在價值進行對比的需要。

另外，在股市運行的不同階段，巴菲特對股市的關注的「密度」也有所不同，在市場人氣高漲和極度低迷時期，他會對他所投資的股票傾注較多的精力，以便抓住最佳的出市和入市機會。大部分時間，當一般投資者津津樂道於大盤和個股的漲停之時，巴菲特正偏居一隅，聚精會神地分析屬他競爭優勢圈內的上市公司，理性思考著下一步的投資方案。

迷思三：無視國情，機械照搬

可以說，巴菲特的投資方法不僅適合美國股票市場，也同樣適合其他股票市場。問題在於，我們不能照抄照搬、生吞活剝地吸收巴菲特的投資理論，否則，投資效果就可能大打折扣，甚至會產生「副作用」。對待巴菲特的投資理念，我們應該重點掌握其理性投資的精神實質，而對於巴菲特本人所運用的具體投資方法，則完全沒有必要邯鄲學步。

掌握退出的時機

「不管你在一筆投資中投入了多少時間、心血、精力和金錢，如果你沒有事先確定的退出策略，一切都可能在瞬間化為烏有。」

　　一個合格的投資者必然有其一定的投資標準，如果一項投資不符合他的標準，那麼即使最終盈利，他也會將其視為一個錯誤的投資。巴菲特就是如此。

　　巴菲特的退出策略就來源於他的投資標準。巴菲特不斷用他投資時所使用的標準來衡量他已經入股的企業的品質。儘管他最推崇的持有期是「永遠」，但如果一支股票不再符合他的某個投資標準（比如企業的經濟特徵發生了變化，管理層迷失了主方向，或者公司失去了它的「護城河」），他就會果斷地把它賣掉。

　　當然，股票市場是無法預測的，即使堅定地遵守著自己投資標準，也很難避免犯錯。在這個時候，問題的關鍵就是如何正確地退出了。

　　1961 年，巴菲特用 100 萬美元控制了登普斯特‧米爾製造公司。這家公司位於一個小鎮上，離奧馬哈有 144 公里的路程，生產的產品以風車和農用設備為主。那時候，巴菲特使用的是葛拉漢式的購買「雪茄菸頭」式的企業的策略，而登普斯特就屬這種企業。作為控股股東，巴菲特成了董事長。他每一個月都得「懇求管理者們削減日常開支並減少存貨，他們嘴上答應得好好的，心裡卻盼著他趕快回奧馬哈。」當巴菲特意識到他收購這家公司是個錯誤後，他立即決定將它賣掉。

　　不過，一直沒有人對這家公司感興趣。在那一段時間，巴菲特也沒有認識到當少數股東和當控股股東的差別。如果

他只有 10% 或 20% 的股份，他可以很輕鬆地把這些股份賣掉。但手握 70% 的股份，他要賣的是控制權，可事實上，根本沒人想要這家公司的控制權。

　　透過這次失敗的投資，巴菲特發現，要扭轉企業的經營狀況並不是他的「特長」。為了彌補這個錯誤，他找到了他的朋友查理・蒙格，而蒙格認識一個叫哈里的人，他可能是登普斯特的救世主。哈里入主公司後，開始削減成本，大幅減少存貨，擠出了不少現金。巴菲特把這些錢再投資到了債券中。

　　對巴菲特來說，投資是不能帶有情緒的。投資者應該關心的不是他會在一筆投資中賺多少或賠多少。他只需要遵循他的投資原則，而他的退出策略也只不過是這個原則的一部分罷了。

　　那麼，如何掌握退出的時機呢？巴菲特對於何時退出，在本質上是效法葛拉漢的。葛拉漢認為，當某支股票的價格已經達到它的實質價值時就是賣出的時機。他覺得，一旦證券價格超過其實質價值，就幾乎不具有潛在利益，投資人最好再尋找其他價格被低估的股票。

　　當然，如果只是完全複製葛拉漢，巴菲特也就不會成為股神了。除了對葛拉漢的效仿，巴菲特結合自己的投資實踐，在選擇退出時機時，往往會採用以下 6 種策略中的某一種或幾種：

1. 當投資對象不再符合標準時。

2. 當他所預料的某個事件發生時：比如經濟危機或者股災。

3. 當他的投資目標得以實現時：有些投資系統會得出某項投資的目標價格，也就是退出價格。這是班傑明‧葛拉漢投資思想的特徵之一。葛拉漢的方法是購買價格遠低於內在價值的股票，然後在它們的價格回歸價值的時候（或兩三年後依然沒有回歸價值的時候）賣掉它們。

4. 系統信號：這種方法主要由技術交易者採用。他們的出售信號可能得自特定的技術圖表、成交量或波動性指標，或者其他技術指標。

5. 機械性法則：比如設定比買價低 10% 的止損點或使用追蹤止損點（意思是，在價格上漲時相應調高，在價格下跌時卻保持不變）來鎖定利潤。機械性法則最常被遵循精算法的成功投資者或交易者採用，它們源自於投資者的風險控制和資金管理策略。

6. 在認識到犯了一個錯誤時：比如出售登普斯特‧米爾製造公司。

總之，巴菲特認為，一套成功的退出策略不可能獨立於其他因素，它是一個投資者的投資標準和投資系統的直接產物。這其實也就是典型的盲目的投資者兌現利潤和接受損失如此困難的原因之一。

卷六
成功篇 —— 巴菲特憑什麼

> 「我一直堅信我會成為有錢人，對於這一點，
> 我從未動搖過。」

一定要相信自己

「做到相信自己、堅持自己的判斷，的確不易，但是，這是投資取勝的基本途徑。」

一個孩子 4 歲才會說話，7 歲才會寫字，老師對他的評語是：「反應遲鈍，思維不合邏輯，滿腦子不切實際的幻想。」他曾經還遭遇到退學的命運。

一個孩子曾被父親抱怨是白痴，在眾人的眼中，他是毫無前途的學生，藝術學院考了三次還考不進去。他叔叔絕望地說：「這個孩子不是學藝術的料！」

一個孩子經常遭到父親的斥責：「你放著正事不做，整天只打獵，捉老鼠，將來怎麼辦？」所有教師和長輩都認為他資質平庸，與天才沾不上邊，更不可能取得成功。

這三個孩子分別是愛因斯坦、羅丹和達爾文。

巴菲特說過：「對於一個投資者來說，最重要的特質是他的性格，而非智力。你不必在該行業擁有很高的智商。你需要的是不受大眾好惡左右而能自得其樂的氣質，你知道你是對的，這並非是因為其他人所處的地位，而是因為你擁有的事實和推理是正確的。成功是可以學習的，在市場上獲勝，這無關乎聰明才智，全在於投資者的方法、原則和態度。」

的確，所有的外界因素都不能決定你是否成功，關鍵在於你是否相信自己，愛因斯坦、羅丹和達爾文成功是基於此，巴菲特的成功也是基於此。投資大師彼得‧林區說過，

股市投資者都會經歷三種境界：第一種境界叫做道聽途說。每個人都希望聽別人建議或內幕消息，道聽途說的決策賠了又不捨得賣，就會去研究，很自然的傾向就是去看圖。於是進入了第二階段，叫做看圖識字，看圖識字的時候經常會恍然大悟。於是第三個境界就是相信自己。在投資決策的過程中，相信別人永遠是半信半疑，相信自己卻能堅信不疑。

對於從小就習慣於與群體和社會保持一致的大多數投資人來說，在股市中要擺脫追隨大眾的愚蠢，堅持自己獨立的判斷，更需要強大的勇氣與自信。巴菲特在波克夏公司 2000 年年報中引用了凱因斯的名言：「困難的是擺脫舊思想的束縛，而不是新思想的運用。」

自信成就了巴菲特。相信自己、堅持自己的判斷是成功投資所具備的最基本特質。不相信自己，猶豫不決最終只會喪失機會，成為投資場上的失敗者。

巴菲特買進的股票常常是別人非常不看好的股票，它們常常與熱點和流行看法相悖離。他買進，然後持有。他持有的股票最終往往透過翻倍成長來一次次證明他的正確。

最神奇的地方是 1970 年代初和 80 年代末，當股票市場極度狂熱，人們信心百倍的時候，巴菲特反而本能地退縮了。他感到看不懂這個市場，感到靈感在枯竭，感到不理解人們的行為。於是賣空了他的股票。事實上，股災很快就降臨。事實教訓了那些樂觀的人，同時也證明巴菲特的本能直覺的正確性。

　　而當一片狼藉的市場害得人們膽戰心驚，連明明是正確的常識都不敢去相信、明明是大好的投資機會都不敢放手一搏的時候，巴菲特開始大量吃進，他又一次得到了極大的便宜。

　　這裡令人佩服的並不是巴菲特的判斷力，而是他近乎於脫離引力一般脫離大眾思維、堅守自己判斷和相信直覺的力量。這需要強大的自信心來對抗市場的普遍力量。

　　在投資時，想得太多不僅讓人畏首畏尾，對正確的抉擇也沒多大幫助。美國一項研究表明，買東西時相信自己的直覺，會讓人做出更準確的決定。

　　研究人員請來兩組普通消費者，讓他們判斷一些商品的品質好不好。在實驗中，研究人員告訴其中一組人要「仔細思考」，而告訴另一組人「憑直覺選就好」。結果發現，深思熟慮的人往往將品質較差的產品，當作品質好的產品；而憑直覺選的，卻能一次選中品質令人滿意的商品。研究人員指出，這樣的現象在我們身邊也能發現，比如一些廣告的設計引導消費者去考慮產品的設計、性能，而考慮讓人忽略了產品的缺陷。

　　巴菲特曾說過：「相信自己就要充分相信自己的直覺」。曾有人就直覺這個問題去請教過巴菲特，他告訴人們，他的投資決定完全取決於自己的直覺，凡是自己感覺能夠獲得利潤的股票，都大膽地投資。事實上，巴菲特的直覺並不是空穴來風，而是源於他對所投資股票的企業的詳細的了解和研

究。巴菲特說，只要他對企業進行了詳細的研究，發現這家企業的經營令自己感到滿意，他根本就不會去理會所謂的股市行情，直覺就能告訴自己這只股票是否值得自己投資。

巴菲特還強調，一個人的直覺往往是非常準確的，對於股票投資來說，這一點特別重要。巴菲特說：「自己的直覺，是自己對即將購買的股票和企業的第一感覺，這種感覺是建立在對企業的充分了解之上的，但是，這種感覺很容易受到所謂的股市行情的干擾，特別是對於那些對股票投資不熟悉的投資者，往往受到這種干擾的影響，改變原本是正確的投資決定，使結果適得其反。所以我對自己的直覺特別有信心，幾乎所有的投資決定都是來自於自己的直覺。這一點也不誇張。」

相信自己的眼光，做長期投資，而且要持續買進、堅守。在巴菲特的成功因素中，這是重要的一條。

養成獨立思考的思維方式

「股票市場是一個充滿誘惑的地方，這裡面陷阱密布，缺乏獨立思考能力的人，很容易陷入其中而不可自拔。」

蘇格拉底是一位緩慢的思考者，在大部分對話的開頭他都落後於其他的參與者。他之所以不像別人那麼快，就因為要把話說好就必須慢慢地想。他說：「對此領域我只是個外行人，我需要了解你在說什麼，以及為什麼這麼說。」

我們通常都想得太快，把思考過程太早切斷。這可能是

來自學校的訓練，在那兒不管是課堂討論或考試，快速地回答正確答案是重要的。

我們大多數人在開始想的時候，只是接受閃入腦海的東西。那些往往不是我們的主意，而是一些從別人那裡得來但還沒過濾、吸收的東西。

要判斷，你就必須花時間去獨立思考、認真推敲、充分理解、想得透澈。

投資也是一樣。大多數的投資人對投資對象的了解不多，也無法評估其價值，經常受到別人的意見影響而搶進殺出，沒有自己的獨立思考與判斷，長期下來想不虧錢也難。

要知道，任何股票操作的理論，都不可能十全十美，在它的優點背後一定有其缺點。迷信內幕消息，容易吃虧上當。股票市場相關消息，每天都會有很多，有實也有虛，有影響深遠的也有作用甚微的。因此，重要的一點就是去深刻了解「市場情報」，在進行獨立思考分析時要對某些特殊情況加以特別注意。例如，明明是賺錢的行業，卻仍有賠錢的企業。這可能是由於企業的經營管理能力出現問題，致使企業在競爭中一敗塗地。企業的業績會因為產品的不同，而有非常大的差別。

巴菲特說過：「必須學會獨立思考。我很驚訝許多高智商的人卻不動腦筋，只會人云亦云。與他們談話我從來沒有談出什麼好點子。」

為了解釋投資者缺乏獨立思考的盲目投資行為，巴菲特

的老師葛拉漢曾給他講過這樣一則寓言：當一位石油勘探者
準備進入天堂的時候，聖·彼得攔住了他，告訴了他一個非
常糟糕的消息：「你雖然有資格進入天堂，但分配給石油業
者居住的地方已經爆滿了，我無法把你安插進去。」這位石
油勘探者對聖·彼得提出一個請求：「我能否進去跟那些住
在天堂裡的人們講一句話？」聖·彼得同意了他的請求。於
是，他就對著天堂裡的人們大喊：「在地獄裡發現石油了！」
話音剛落，天堂裡所有的人都蜂擁著跑向地獄。聖·彼得看
到這種情況非常吃驚，他請這位石油勘探者進入天堂。但這
位石油勘探者遲疑了一會說：「不，我想我還是跟那些人一
起到地獄中去吧。」

　　投資者不能人云亦云，盲目投資，像旅鼠那樣漫無目
的。旅鼠是生長在苔原地區的小型動物，以集體游向大海的
舉動而聞名。在正常時期，春天是旅鼠遷移的季節，牠們四
處移動，尋找食物和新的住所。然而每隔三四年，就會有奇
怪的現象發生。由於繁殖率高而死亡率低，旅鼠的數量與日
俱增。在牠們遷移的時候，看見大海以為是另一條需要渡過
的河，一隻下海，其他旅鼠就也跟著下海，只能游到力竭而
淹死為止。

　　投資市場是由人形成的市場，投資者需要根據市場的變
化不斷總結經驗教訓，堅持獨立思考，只有這樣才能戰勝市
場！盲從後的羊群效應是投資的大忌。可事實上，在股票運
作的過程中，不注重獨立思考的股民比比皆是。他們在某些

地方往往缺少主見，顯得盲目草率。巴菲特常常把這些盲從者、缺乏獨立思考的人比作「旅鼠」。也許這段話會令那些證券交易所的大廳裡雙目緊緊盯著彩色屏幕的人們洩氣。因為他們的目光和焦灼的心情關注的正是當天瞬息萬變的市場行情。巴菲特嘲笑的正是這樣一些人。

伯特蘭‧羅素（Bertrand Arthur William Russell）說過幾句話：

1. 許多人寧願死，也不願思考，事實上他們也確實至死都沒有思考過。

2. 不要為自己持獨特看法而感到害怕，因為我們現在所接受的常識都曾是獨特看法。

3. 不用盲目地崇拜任何權威，因為你總能找到相反的權威。

「我可以保證，市場永遠是錯的。必須獨立思考，必須拋開羊群心理。」投資大師羅傑斯說。市場中的人和我們日常生活中的人一樣，大部分都很平凡，但都顯得很精明，只有少部分人是特別優秀的。所以市場中少數賺錢和日常生活中只有少部分人發財的道理是一樣的。生活中大多數人都急功近利，給穩健者以可乘之機。生活中的羊群效應和股市中的羊群效應，都表明了經常獨立思考的人是少數。

股市從來都不缺各種隨波逐流的投資策略，從眾與群體化效應在人類的投資活動中充分展現了出來。人們總是樂意追逐熱門，而非冷門。任何時候，我們都面臨各種各樣的問

題，對問題的思考自然而然。多數人的認識常常基於「大家都這樣認為」之類的主流偏向。毫不誇張地說，多數人是把自己思考的天然權利拱手讓人，交給所謂的權威，僅僅是因為多數人認為專家學者的說法代表了正確的認識。事實上，人們的觀念就這樣受到主流偏向的影響，同時反過來影響自己的行動。

當大多數投資者都陷入貪婪的瘋狂而拚命追漲時，很少有投資者能冷靜而理智地抵制購買的誘惑；而當大多數投資者都陷入恐懼之中而拚命殺跌時，也很少有投資者能抵制拋售的衝動。這種從眾的壓力是非常巨大的，然而，明智的投資決策往往是「預料之外而情理之中」的決策，大家都看中的熱點板塊的投資價值通常已經提前透支了，而聰明的投資者一般會不斷觀察與追蹤具有投資價值的股票，當它的股價下跌到合理的區間範圍之內時（被大多數投資者忽視）就會果斷吃進。很顯然，這樣做不僅需要專業的價值評估水準，更需要抵制從眾壓力的堅定意志與敢為天下先的巨大勇氣，這樣的投資者很少，而巴菲特就是其中最具代表性的一個。

巴菲特的老師葛拉漢曾經教導他要從股市的情感漩渦中拔出來，要發現大多數投資者的不理智行為，他們購買股票不是基於邏輯，而是基於情感。如果你在正確的判斷基礎上獲得符合邏輯的結論，那麼不要因別人與你的意見不一致而放棄，「你的正確或錯誤都不會是因為別人和你不一致，你之所以正確是因為你的數據與邏輯推理正確。」

巴菲特遵循了老師的教導，他不僅在投資決策中堅持獨立思考，還在被投資公司中重用抵制行業慣性的經營者，並將抵制行業慣性作為他所歸納的 12 條最重要的投資準則之一。在對沃頓商學院的學生發表演講時，他歸納了 37 家投資銀行的失敗原因：「他們為什麼有這樣的結局呢？我來告訴你們，那就是愚蠢的模仿同行的行為，缺乏自己的獨立思考。」

成功離不開膽大心細

巴菲特認為，股市投資，看准了就要大膽行動，不要縮手縮腳，猶豫不決。「膽大心細。這就是做成任何一件事情的法寶，投資當然也不例外。我們不要想著去預測或控制投資的結果。實際上，人的貪欲、恐懼和愚蠢是可以預測的，但其後果卻不堪設想，更難以預測。」這是巴菲特對所有投資者的忠告。

透過巴菲特對華盛頓郵報、可口可樂等公司的大手筆投資，我們不難發現，巴菲特在觀察一家公司時，往往顯得極為耐心，甚至會為此等上很長的一段時間，可是一旦決定投資某家公司時，則又有著迅雷不及掩耳之勢，其決策之果斷，投資金額之巨大，令許多投資者感到咋舌，在很多人看來，他的舉動甚至顯得有些「莽撞」，不符合一個投資大師的身份。

所謂「藝高人膽大」，事實上，巴菲特在投資行為上表現

出來的「大膽」，絕不是什麼出於一時衝動，更談不上所謂的「莽撞」。而這是以他過人的膽識和才學及對企業精細的分析為前提的，這是他「心細」的一面。

　　巴菲特對企業管理和財務分析極為精通，這方面的優勢為他進行企業價值的評估提供了良好的個人條件。他的日常工作主要用來分析和觀察企業的經營和財務狀況，尋找有利可圖的投資對象。一旦發現了某家企業在業務特點、管理能力、發展前景等方面符合他的選擇標準，他就會密切追蹤，他說：「發現評估一家企業，必須長期去熟悉它。」當市場由於非理性力量導致股票價格下跌到他設定的安全區域，他就毫不猶豫、大舉建倉。每到這個時候，巴菲特的想法變得非常簡單：是金子總會閃光！只要企業被嚴重低估，它的價格遲早會回升到它應有的水準。

　　西元 1950 年，巴菲特就讀於哥倫比亞大學，這時，巴菲特注意到恩師班傑明‧葛拉漢是 GEICO（政府雇員保險公司）的董事。這件事激發了巴菲特的好奇心。於是他特地到華盛頓特區拜訪該公司。他敲開了公司的大門，由一位看門人領了進去，引薦他拜見當天唯一在辦公室的經理 —— 羅里莫‧戴維斯。巴菲特詢問了很多問題，戴維斯花了 5 個小時為巴菲特講述了 GEICO 的特點。巴菲特對這些介紹留下了深刻的印象。雖然當時人們還不熟悉 GEICO 的股票，也沒多少人認可這個公司，但巴菲特卻認為這是一個機會，決定冒險嘗試一下。

　　大學畢業以後，巴菲特返回奧馬哈，在他父親的經紀公司工作，自此，他便有意識地向經紀公司的客戶推薦 GEICO 股票。而且他自己也沒有置身事外，在 GEICO 股票上投資了 1 萬美元，這大約是他當時全部財富的 2/3。巴菲特的這一投資行為讓很多人不理解，人們都漠視巴菲特的建議。奧馬哈市的保險代理商們也向巴菲特的父親抱怨說他的兒子正在促銷一個「無人代理」的保險公司股票。雖然受到了挫折，但強烈的冒險精神和不輕易認輸的堅韌性格促使他沒有放棄。

　　此後，巴菲特以 3 倍於收益的價格買下了堪薩斯城人壽保險公司的股票。西元 1967 年，他又買下了國民保障公司的控股權。在以後的 10 年裡，傑克・林華特向巴菲特介紹了保險公司的運行機制。對巴菲特來說，這些經驗比其他任何經驗都重要，它幫助巴菲特更進一步了解了保險公司是如何賺錢的。這更加強了巴菲特對 GEICO 股票的信心，並且大量購進，而不管其財務狀況多麼糟糕。

　　除了在 GEICO 的普通股投入了 410 萬美元外，巴菲特還在該公司的可轉換優先股上投資了 1,940 萬美元。最終，巴菲特在 GEICO 共投資了 4,700 萬美元，以平均每股 6.67 美元的價格買下該公司 720 萬股股票。此時，巴菲特已持有該公司 33％的股份。1980 年，巴菲特在 GEICO 的投資增值了 123％，市值達到 1.05 億美元。GEICO 成為巴菲特當時持股最大的公司。

　　對 GEICO 的投資是巴菲特的經典投資之一。由於 GEICO 的狀況符合巴菲特的投資準則，當其他人認為這家保險公司「無人代理」，不會有大的發展前途時，巴菲特卻大膽入市購進，並再次穩操勝券。

　　不難看出。巴菲特在投資時表現出來的所謂「莽撞」，是以他精深的專業理論和周密的事前準備為前提的。不僅反映了他的投資前準備工作的耐心慎重和精細，而且也反映了他對自己所倡導的投資理念的「忠誠」和常人難有的那種樂觀和自信。因為畢竟只有藝高，才能膽大。

　　巴菲特在投資時的膽大心細還集中展現在財務恐慌時期仍然能夠毫無畏懼地採取購買行動。西元 1973 到 1974 年間是美國空頭市場的最高點，股災隨時可能發生，可巴菲特依然集中大量資金購買華盛頓郵報公司的股票；在華盛頓公共電力供應系統無法按時償還債務的時候，巴菲特再次大肆進場購買它的債券；西元 1989 年，在垃圾債券市場崩盤的時候，巴菲特又收購了許多 RJR 奈比斯科公司（美國一家極大的餅乾製造公司）的高值利率債券。

　　除了實踐，在投資心理學的研究上，巴菲特也依舊有著膽大心細的特點。巴菲特認為所有投資行為心理學的因素聚合在一起，反映在投資者的身上，就是投資者對風險容忍的程度，就如同一塊強大的磁鐵將周圍的金屬物質都吸附在自己身上一樣。金融投資心理學的概念是抽象的，但在投資者每天做出買賣決策時，這些概念就變得真實而具體起來。而

將投資者做出的所有決策貫穿起來的因素，就是投資者對風險的感知程度。

股市如戰場，既要「殺敵」—盈利，又要「自保」—不虧，所以無論技巧高低的投資者都要膽大心細，勇於進取，而這也正是巴菲特能取得成功的一個主要因素。

反思失敗

巴菲特雖然也會犯錯，也會失敗，但這些往往讓他更加強大。

2008 年是巴菲特投資生涯中比較失敗的一年。波克夏‧海瑟威公司 2009 年 2 月 28 日公布的年報顯示，2008 年第四季度投資收益驟降 96％！

也就在 2009 年 2 月 28 日，巴菲特發布了其著名的〈致股東的信〉。這其中首當其衝的就是巴菲特對 2008 年失敗投資的反思，這種反思展現了巴菲特對自己失敗的正視與坦承，值得投資者細細品味：

44 年來，波克夏‧海瑟威公司的帳面價值已從 19 美元漲至 70,530 美元，年成長率達 20.3％。但是，2008 年是 44 年來最糟糕的一年，對波克夏的帳面價值和標準普爾 500 種指數來說都是。對於公司和市政債券、房地產和初級產品而言，這也是極具破壞性的一年。這一年，我在投資方面做了不少蠢事。我至少犯了一個重大錯誤，還有一些錯誤不那麼嚴重，但也

造成了不良後果……此外，我還犯了一些疏忽大意的
錯，當新情況出現時，我本應反省自己的想法、迅速
採取行動，但我卻裹足不前……

事實上，對失敗的反思向來是巴菲特投資習慣中最明
顯的一個特徵。他的這一習慣使自己能從失敗中重新站起
來，不斷累積經驗，不斷提升，從而達到其他人難以企及的
境界。

巴菲特曾仔細地分析了自己的數十樁交易，並且不斷地
問自己：「為什麼那麼多投資都失敗了？」這種反省極其痛
苦，但效果很明顯：從此以後，巴菲特平均每年的收益超過
大盤 8.4 個百分點。

據統計，巴菲特歷年來在波克夏‧海瑟威公司股東會上
總共承認做下七大錯誤的投資決策。

這七大錯誤投資是：

1. **太快賣出**：巴菲特雖然信奉長期持有的投資觀念，可實
   踐中卻並不總是如此。1964 年，巴菲特以 1,300 萬美元
   買下當時陷入醜聞的美國運通的 5% 股權，後來以 2,000
   萬美元賣出，若他肯堅持到今天，他的美國運通股票價
   值將高達 20 億美元。

2. **投資不具備長期持久性競爭優勢的企業**：1965 年他買
   下波克夏‧海瑟威紡織公司，然而因為來自海外競爭壓
   力龐大，20 年後，無望的巴菲特不得不將紡織廠廉價出
   售。可以說，接手波克夏‧海瑟威紡織廠既是巴菲特走

向成功的起點，同時也使巴菲特第一次嘗到了失敗的滋味。《華爾街日報》後來報導說：「這是少數讓巴菲特賠錢的生意之一。」

3. **投資不景氣的產業**：巴菲特 1989 年以 3.58 億美元投資美國航空公司優先股，然而隨著航空業景氣一路下滑，他的投資沒有取得預期的受益，反而賠進去不少。那段時間，他為這項失敗的投資懊惱不已。當有人問他對發明飛機的懷特兄弟的看法，他回答應該有人把他們打下來。

4. **以股票代替現金進行投資**：1993 年巴菲特以 1.2 億美元買下製鞋公司 Dexter，不過他是以波克夏公司的股票來代替現金，而隨著該公司股價上漲，如今他購買這家製鞋公司的股票價值 20 億美元。

5. **雖然看到投資價值，卻是沒有行動**：巴菲特承認他雖然看好零售業前景，但是卻沒有加碼投資沃爾瑪。這一錯誤使得波克夏公司的所有股東加起來每年少賺八十億美元。

6. **在金融衍生品方面投資的失敗**：巴菲特一度熱衷於投資金融衍生品，可結果卻讓他大失血，最後不得不選擇推出。數據顯示，在 2005 年繼續努力退出金融衍生業務的過程中，波克夏公司的稅前損失是 1.04 億美元。自從涉足金融衍生品方面以來，波克夏的累計損失高達 4.04 億美元。

7. **盲目買進**：2009 年，在主席致股東報告中，巴菲特坦言
   於 2008 年犯了不少錯誤，蠢事之最是在油價接近歷史高
   位時買入大量康菲石油股份，而沒預期油價會大跌。該
   投資失利令波克夏公司損失數十億美元。

人非聖賢，孰能無過，即使是縱橫投資市場 50 多年，
戰果輝煌的投資大師巴菲特，也不能避免失敗。但巴菲特的
可貴之處在於，他並不掩飾自己的錯誤，且樂於從中反思，
以汲取經驗教訓。他總結出三點是值得注意的經驗教訓：一
是堅持自己的投資風格，高舉價值投資的旗幟，盡量不投機
或少投機，抵制投機帶來的誘惑；二是投資金融衍生品要謹
慎，應當看到其投機性所帶來的市場風險、操作風險和信用
風險；三是當斷不斷，必有後患，一旦發現投資失誤，要斷
臂求生，捨車保帥，立即止損，切勿優柔寡斷，將小錯釀成
大錯。

與普通投資者相比，巴菲特所經受的失敗和磨難也許更
加沉痛，而其所面對的未來壓力無疑更為沉重。可貴的是，
巴菲特雖然犯錯，但他的錯誤是值得的。善於從失敗中反思
的習慣讓他經過失敗的洗禮後變得更加堅強和智慧，而這也
正是巴菲特之所以獲得成功的另一大因素。

個性魅力是成功的關鍵

巴菲特之所以成為「股神」，其實不但是因為作為一個股
票經紀人和資本運營者的優秀業績，更在於他本身那種優秀

的個性魅力。

　　個性就是風格，就是一個人的基本精神面貌。一個成功的人，他必然發揮了自己的優點。作為一個投資人，當然也不例外，事實恰恰是，當他完全地了解了自己的個性，並應對環境因素，找到了一條能調和各方面矛盾的和諧之路時，他往往也就離投資成功不遠了。

　　巴菲特無疑是一位極富個性的股票投資人，他的投資哲學和操作特點具有很強的不可複製性。這種個性化的投資理念與方法的形成很大程度上要歸功於他在才智、性格等方面表現出來的獨特的個人魅力。

好學不倦，高徒出自名師

　　大科學家牛頓有一句名言：「如果我能看得更遠，那是因為站在巨人的肩膀上。」巴菲特就是最好的一個例子，他選擇素有「華爾街教父」之稱的葛拉漢和另一位影響深遠的投資大師費雪作為自己的導師，並將他們的投資思想的精華徹底吸收，再將之用於投資實踐中，可以這樣說，如果沒有恩師葛拉漢和費雪總結的投資理念，巴菲特或許同樣會成為一個成功的商人，但絕不會成為獨一無二的「華爾街股神」。巴菲特曾承認：「自己的投資策略有 85% 來自葛拉漢，15% 來自費雪。」葛拉漢給予了巴菲特的思考基礎，即安全邊際，並且協助巴菲特學習並掌握自己的情緒，理性地面對股市漲漲跌跌，抓住機遇從中獲利；費雪給了巴菲特最新的、可行

的方法學，使他能夠準確地判斷出較好的長期投資，獲取更加豐厚的利潤。

拒絕誘惑，耐得住寂寞

某種誘惑能滿足你當前的需求，但卻會妨礙達到更大的成功。在一粒芝麻與一顆西瓜之間，你一定明白什麼是明智的選擇。如果某種誘惑能滿足你當前的需求，但卻會妨礙達到更大的成功，那就請你屏神靜氣，站穩立場，耐得住寂寞。

西元 1960 年代，美國心理學家給一些 4 歲小孩子每人一顆非常好吃的軟糖，同時告訴孩子們可以吃糖，如果馬上吃，只能吃一顆；如果等 20 分鐘，則能吃兩顆。有些孩子急不可待，馬上把糖吃掉了。另一些孩子卻能等待對他們來說是無盡期的 20 分鐘，為了使自己耐住性子，他們閉上眼睛不看糖，或頭枕雙臂、自言自語、唱歌，有的甚至睡著了，他們終於吃到了兩顆糖。

這個實驗後來一直繼續了下去，那些在他們 4 歲時就能等待吃兩顆糖的孩子，到了青少年時期仍能等待，而不急於求成；而那些急不可待，只吃了一顆糖的孩子，在青少年時期更容易有固執、優柔寡斷和壓抑等個性表現。當這些孩子長到上中學時，就會表現出某些明顯的差異。對這些孩子的父母及教師的一次調查表明，那些在 4 歲時能以堅忍換得第二顆軟糖的孩子常成為適應性較強，冒險精神較強，比較

受人喜歡，比較自信，比較獨立的少年；而那些在早年已經不起軟糖誘惑的孩子則更可能成為孤僻、易受挫、固執的少年，他們往往屈從於壓力並逃避挑戰。對這些孩子分兩級進行學術能力傾向測試的結果表明，那些在軟糖實驗中堅持時間較長的孩子的平均得分高達 210 分。

研究人員在十幾年以後再考察當年那些孩子現在的表現，研究發現，那些能夠為獲得更多的軟糖而等待得更久的孩子要比那些缺乏耐心的孩子更容易獲得成功，他們的課業成績要相對好一些。在後來的幾十年的追蹤觀察中，發現有耐心的孩子在事業上的表現也較為出色。

巴菲特無疑是一個耐得住寂寞的人，否則，他也就無法奉行所謂的長期投資策略。要知道，不管漲跌，常年如一日持有一種或幾種股票，這並不是一件容易的事情，在股票市場上，能做到這一點的人是少之又少。

巴菲特之所以能賺錢，就在於把耐得住寂寞做到了最巔峰。一般來說，在估算出股票真實價值後，巴菲特一定等到股市大跌、這家公司股價大跌才會進場。而且他非常務實，從來不相信神話，從來不相信高科技。這裡所謂高科技是金融方面的高科技，比如說當沖基金，比如說 IT 網路，他全部不信。他只相信可口可樂，他只相信奇異。因為這些傳統的公司用數學模型來算是最準確的，這種數學模型是算不了高科技的，算不了投資銀行的，甚至算不了當沖基金，只能算傳統行業，因此他一生都把他的錢投資在傳統行業中。

　　巴菲特具有超人的耐心與執著，但同時也具有當機立斷的另一面。在 2008 年金融海嘯襲來時，著名雷曼兄弟公司向巴菲特求援，他不為所動，但當高盛把電話打過來，正喝著櫻桃可樂的巴菲特只用了一刻鐘就敲定了 50 億美元的投資計劃。

知足常樂，平穩獲利

　　在投資心態上，巴菲特奉行的法則是知足常樂，這種心態使巴菲特長期以來在投資操作上始終是不急不躁，沉著冷靜，也正因為這樣，使他的投資目光總是比別人更加寬厚深遠，不管市場多麼撲朔迷離，他總能鎮定自若，在普通投資人因恐懼而處於慌亂之際，抓住最難得、最寶貴的投資機遇。

　　談起巴菲特在股票市場上的成功，很多人欽佩至極，推崇有加。但是如果我們奉勸投資者，把每年的投資收益率定在 20%～30%，他們中的許多人恐怕會不以為然：這個目標太過於保守了！但有誰知道，1965 年以來，巴菲特控股的波克夏投資公司年收益率只有23.8%！確實，對於那些希望一夜暴富的投資者來講，23.8%的年收益率實在太低了。但是正是每年這23.8%的收益率把巴菲特一步步推向了成功的巔峰。

　　這其中有什麼奧祕呢？

　　我們先來做一個假定，假定一位身無分文的年輕人，從

現在開始能夠每年存下 1.4 萬元。如此持續 40 年，如果他每年存下的錢都投資到股票或房地產上，並獲得每年平均 20% 的投資收益率，那麼 40 年後，他能累積多少財富？

一般人猜的金額，多落在 200 萬到 800 萬之間，最多的也不超過 1,000 萬。然而依照財務學計算複利公式，正確的答案應該是 1.0281 億，一個眾人不敢想像的數字。

事實上，也正是這個複利的巨大威力，使巴菲特逐年累積財富高達幾百億美元。

而要利用好複利，平穩獲取巨額財富，沒有巴菲特那種知足常樂的心態，則無異於緣木求魚。

利用人性的弱點

「任何投資市場背後都是活生生的人在推動，因而對他們心理的研究就是洞察投資市場的最獨特的視角。」

事實上，關於巴菲特的各種投資法則早已經為眾多投資界人士所熟知，但真正能透過巴菲特投資法則獲得成功的人除了巴菲特本人之外，恐怕沒有幾個。這是什麼原因造成的呢？

事實上，原因就在於，巴菲特投資法則在應用中的最大難點就在於對人性弱點的理解與利用，而這是一般投資者很難掌握的。

人性的弱點一：事後諸葛亮

　　人們往往傾向於利用事件發生之後的結果去理解事件發生的原因及過程。由此，便往往會忽視事後理解的天然優勢，而進一步貶低決策者在事前的判斷和決定。這一人性弱點使人們很容易高估自身的能力，而低估他人的能力。

　　巴菲特在投資中盡量避免犯這樣的錯誤。1960 年代，波克夏·海瑟威的投資（當年主要以紡織業為主）給了巴菲特非常大的教訓，1980 年代他被迫將持續虧損的紡織業務關閉。這形成了巴菲特非常重要的投資準則，即投資於保持一貫經營原則的公司，避開陷入困境的公司。不要高估自己，不要指望自己比該公司的經營者做得更好。

人性的弱點二：過度敏感

　　過度敏感是指人們在心理上傾向於高估與誇大剛剛發生的偶然事件的影響因素，而低估影響整體系統的其他必然因素的作用，從而作出錯誤判斷，並對此做出過度的行為反應。

　　「911 事件」之後，美國大眾的神經受到了極大的刺激，人們將航空旅行的危險性無限擴大，開始紛紛選擇其他旅行方式，美國航空業隨之進入大蕭條時期。可事實上，數據統計顯示，即使是發生了「911」這樣的恐怖事件，航空旅行依然是所有旅行方式中最安全的，其事故率是火車旅行的三分之一。由此，巴菲特認為美國航空業很快會得到復甦，並重

金投資美國航空業，事實證明，這一次又是他成功了。

人性的弱點三：過度自信傾向

過度自信傾向是指人們在對過去知識進行判斷中存在智力自負現象，這種現象會影響對目前知識的評價和未來行為的預測。造成過度自信傾向的主要原因是人們往往傾向於在他們完全正確的時刻回憶自己的錯誤判斷，從而認為這只是偶然發生的事件，與他們的能力缺陷無關。

巴菲特堅持投資於自己所熟悉的行業，就是出於對這一人性弱點的充分認識，他坦然承認自己不投資於高科技公司的原因是自己沒有能力理解和評價它們。

人性的弱點四：從眾心理

從眾心理是指人們受他人影響而改變自己的行為與信念。

巴菲特不僅在投資決策中堅持獨立思考，還在被投資公司中重用抵制行業慣性的經營者。關於這一點我們在前文有詳細介紹，這裡不再贅筆。

人性的弱點五：對訊息的盲目吸收

在股票市場上，一些訊息發布者出於某一種目的，往往會「加工」訊息的內容，不少人因此被虛假或片面訊息所操縱，作出錯誤的投資決策。

巴菲特清楚地認識到這一點，所以，他從不閱讀華爾街

的所謂權威證券分析，也不熱衷到處收集影響股市的小道消息，同樣不天天緊張地盯著盤面的變化，這使得他的投資工作非常輕鬆，他有時甚至在家中一邊享受天倫之樂，一邊工作，美國股市 1980 年代末崩盤的那一天他甚至無暇關注股市。

附錄

附錄一　巴菲特大事紀

1943 年（13 歲）：巴菲特申報了生平第一筆所得稅稅單，其自行車作為工作開支抵扣了 35 美元稅金。

1945 年（15 歲）：高中時，巴菲特和他的一個朋友花 25 元購買了一臺舊彈珠臺，將其放在理髮店出租。幾個月的時間，他們便在不同的地點擁有了三臺彈珠臺。

1950 年（20 歲）：在得知著名的證券分析家班傑明·葛拉漢任教於哥倫比亞商學院後，巴菲特選擇就讀這所學校。

1951 年（21 歲）：巴菲特在發現葛拉漢當時是 GEICO 保險公司的董事會成員後，於一個週末搭上去華盛頓的火車，巴菲特起勁地敲著 GEICO 總部的大門，直到門衛放他進去。在那裡，他遇到了羅里莫·戴維斯，他是 GEICO 公司的副總裁，這個人後來一直影響著巴菲特並成為其終生朋友。巴菲特從哥大畢業後試圖在華爾街找到一份工作。他想不拿報酬為葛拉漢工作，但並沒有得到葛拉漢的首肯。

1952 年（22 歲）：巴菲特和蘇珊·湯普森結婚

1954 年（24 歲）：班傑明·葛拉漢為巴菲特提供了一份工作，作為合夥人，其底薪每年 12,000 美元。蘇珊生了第二個孩子霍華·巴菲特。

1956 年（26 歲）：班傑明・葛拉漢退休，並解散了他的合夥人公司。巴菲特的個人儲蓄已超過 14 萬美元。巴菲特回到家鄉奧馬哈並創立了一個投資合夥人公司—巴菲特合夥人有限公司。

1957 年（27 歲）：巴菲特擁有了三個整年運作的合夥人公司。巴菲特花了 31,500 美元在法納姆街購買了一個有五個臥室的房子。妻子蘇珊即將生下第三個孩子。

1958 年（28 歲）：巴菲特已經擁有五個整年運作的合夥人公司。

1959 年（29 歲）：巴菲特已經擁有六個整年運作的合夥人公司。巴菲特經人介紹認識了投資生涯中最重要的夥伴查理・蒙格。

1960 年（30 歲）：巴菲特的合夥人安琪夫婦向他們的十幾個同行建議：每人出資 1 萬美元，和巴菲特成立一個合夥公司，這些人接受了他們的建議，於是在 1960 年 8 月 15 日，巴菲特成立了他的第八個合夥企業—Emdee。

1962 年（32 歲）：1962 年 1 月，巴菲特合夥人公司規模已超過 7,178,500 元，其中超過 1,025,000 美元屬巴菲特。巴菲特將其所有合夥人公司合併為一家。巴菲特的合夥公司開始以每股 7.60 美元的價格購買波克夏・海瑟威公司的股票。

1965 年（35 歲）：巴菲特的合夥公司開始以每股 14.86 美元的價格積極收購波克夏，而該公司營運資金（流動資產減去負債）為每股 19 美元，這還包括了固定資產價值（廠房和設備）。巴菲特掌控了波克夏‧海瑟威的董事會，並任命了新總裁肯‧查斯負責公司的運營。

1966 年（36 歲）：巴菲特的合夥人公司不再接受新的資金加入。巴菲特在他的信中寫道：「除非有跡象表明境況已經改變（在一定條件下補充資本可提高成績）或者除非新的合作夥伴可以為公司提供一些資產而不僅僅是資金，我傾向於不再接受新的合夥人。」

1969 年（39 歲）：這是巴菲特最有先見之明的一年，巴菲特清算並解散了合夥人公司，其合夥人的應得資產以波克夏的股份的形式支付。

1970 年（40 歲）：身為波克夏的董事局主席，巴菲特開始寫他現在知名的年度信函給股東。

1973 年（43 歲）：波克夏開始收購華盛頓郵報的股票。巴菲特與凱瑟琳‧葛蘭姆成了密友，後者控制著華盛頓郵報公司及其旗艦報紙，並擔任其董事長。

1979 年（49 歲）：波克夏開始收購 ABC 公司的股票。波克夏當時以每股 290 美元交易，巴菲特身價接近 1.4 億美元．但是，他的生活來源只限於每年約 5 萬美元的薪

水。波克夏的股票在年初時為每股 775 美元，年終時價
格則達到 1,310 美元。巴菲特以 6.2 億美元的資產淨值首
次躋身於福布斯富豪 400 強。

1988 年（58 歲）：巴菲特開始購買可口可樂公司的股票，
最終持有超過 7% 的可口可樂公司的股份，市值達 10.2
億美元。它成為巴菲特最偉大的投資之一，並且巴菲特
一直持有可口可樂股票至今。

2006 年（76 歲）：巴菲特當年六月宣布，將個人財產的
85% 逐年捐出給比爾及梅琳達 · 蓋茲基金會，市值達
370 億美元。這筆捐款創造了世界紀錄。

2007 年（77 歲）：在一封寫給股東的信中，巴菲特宣布，
波克夏 · 海瑟威公司的董事會已經選出了 3 個候選人來
作為他的繼承者，「如果我今晚就過世了，這 3 個人當
中就會有人短時間之內頂替我」。巴菲特以前曾選定掌管
GEICO 投資業務的盧 · 辛普森填補這一角色。但是，辛
普森僅比巴菲特小六歲。

附錄二　巴菲特投資理念的精髓：5+12+8+2

有人將巴菲特投資的方法簡單地歸納為：5+12+8+2。5
是指 5 項投資邏輯，12 是指 12 項投資定律，8 是指 8 項選
股標準，2 是指 2 項投資方式。

5 項投資邏輯

1. 因為我把自己當成是企業的經營者，所以我成為優秀的投資人；因為我把自己當成投資人，所以我成為優秀的企業經營者。
2. 好的企業比好的價格更重要。
3. 一生追求消費壟斷性企業。
4. 最終決定公司股價的是公司的實質價值。
5. 沒有任何時間適合將最優秀的企業脫手。

12 項投資定律

1. 利用市場的愚蠢，進行有規律的投資。
2. 買價決定報酬率的高低，即使是長線投資也是如此。
3. 利潤的複合成長與交易費用和稅賦的避免使投資人受益無窮。
4. 不在意一家公司來年可賺多少，僅關注未來 5 至 10 年能賺多少。
5. 只投資未來收益確定性高的企業。
6. 通貨膨脹是投資者的最大敵人。
7. 價值型與成長型的投資理念是相通的；價值是一項投資未來現金流量的折現值；而成長只是用來決定價值的一項預測過程。
8. 投資人財務上的成功與他對投資企業的了解程度成正比。

9. 「安全邊際」從兩方面協助投資：首先是緩衝可能的價格風險；其次是可獲得相對高的權益報酬率。

10. 擁有一支股票，期待它下個星期就上漲，是十分愚蠢的。

11. 就算政府偷偷告訴我未來兩年的貨幣政策，我也不會改變我的任何一個作為。

12. 不理會股市的漲跌，不擔心經濟情勢的變化，不相信任何預測，不接受任何內幕消息，只注意兩點：A. 買什麼股票；B. 買入價格。

8 項選股標準

1. 必須是消費壟斷性企業。

2. 產品簡單、易了解、前景看好。

3. 有穩定的經營歷史。

4. 管理層理性、忠誠，以股東的利益為先。

5. 財務穩健。

6. 經營效率高，收益好。

7. 資本支出少，自由現金流量充裕。

8. 價格合理。

2 項投資方式：

1. 卡片打洞、終生持有，每年檢查一次以下項目的數字：A. 初始的權益報酬率；B. 營運毛利；C. 負債程度；D. 資本支出；E. 現金流量。

2. 當市場過於高估持有股票的價格時，也可考慮進行短期
   套利。

　　透澈研究巴式方法，會發覺影響其最終成功的投資決
定，雖然確實與「市場尚未反映的訊息」有關，但所有訊息
卻都是公開的，是擺在那裡誰都可以利用的。

　　沒有內幕消息，也沒有花費大量的金錢。是運氣好嗎？
就像學術界的比喻：當有 1,000 隻猴子擲幣時，總有一隻始
終擲出正面。但這解釋不了有成千上萬個投資人參加的投資
競賽中，只有巴菲特一人取得連續 40 多年戰勝市場的紀錄。

　　其實，巴菲特的成功，靠的是一套與眾不同的投資理
念，與眾不同的投資哲學與邏輯，以及與眾不同的投資技
巧。在看似簡單的操作方法背後，你其實能悟出深刻的道
理，簡單到任何人都可以利用。巴菲特曾經說過，他對華爾
街那群受過高等教育的專業人士的種種非理性行為感到不
解。也許是人在市場，身不由己。所以他最後離開了紐約，
躲到了自己的家鄉 —— 小鎮奧馬哈。他遠離市場，他也因此
戰勝了市場。

附錄三　巴菲特關於投資的 23 個答案

你進行投資的基本原則是什麼？

　　成功的祕訣有三條：第一，盡量避免風險，保住本金；
第二，盡量避免風險，保住本金；第三，堅決牢記第一、第

二條。

　　葛拉漢在《智慧型股票投資人》這本書的最後一章中道出了投資中最重要的四個字：保證安全。我認為 100 年以後，這個原則還會是投資的基礎。理性的態度加上適當的知識結構，你就能成為一個成功的投資者。

聽說你對大學裡關於投資的理論嗤之以鼻。

　　在當今的大學裡流行著一些投資理論，比如有效市場理論，這些理論依賴於推理而不是基於常識。這些課程只會讓學生變得更加平庸。

在風雲變幻的股市上，你如何看待市場和投資者的關係？

　　葛拉漢曾用「市場先生」這種形象的說法，來說明市場行為。在他看來，股票市場應該被看作一個情緒容易波動的商業夥伴。這個夥伴每天都會出現，告訴你一個價格，他會以這個價格買你手中的股票，或把他手中的股票賣給你。這個夥伴每天都有一個新價格。我們要做市場先生的主人，而不是做他的奴隸。當我們投資股票時，我們實際上是投資股票所代表的企業。當我們找到了喜歡的公司時，市場高低不會對我們的決策產生影響。我們一個一個地尋找公司，很少花時間考慮宏觀因素。我們只考慮那些我們熟悉的企業，而且價格和管理狀況要讓我們滿意。凱因斯說，不要試圖去弄清楚市場在做什麼。我們需要弄清楚的是企業。由於某些原

因，人們熱衷於尋找價格變動中的線索，而不是價值。在這個世界上，最愚蠢的買股行為莫過於看到股價上升就按捺不住而出手。

價格和價值之間的差異在哪裡？

價格是你將付出的，價值是你將得到的。在決定購買股票時，內在價值是一個重要的概念。沒有公式能用來計算內在價值。你必須了解你要買的股票背後的企業。為企業估價既是一門藝術，也是一門科學。你沒有必要等到最低價才去買，只要低於你所認定的價值就可以了。如果能以低於價值的價格買進，而且管理層是誠實可靠有能力的，你肯定會賺錢。

什麼時候買入股票呢？

大多數人在別人也感興趣的時候買入，實際上最好的買入時機是別人不感興趣的時候。買熱門股不會有好成績的。投資不需要高智商。投資不是智商 160 的人戰勝智商 130 的人的遊戲。理性是最重要的。

哪些投票是最值得買入的？

利潤和未來利潤的前景決定了股票的價值。我們喜歡那種資本投入能產生高收益的並且很可能持續產生高收益的股票。我們買入可口可樂公司的股票時，它的本益比大約是 23 倍。用我們的買入價和現在的收益比，本益比只有五倍了。

購買高利潤公司的股票實際上是對通貨膨脹的當沖。高利潤公司信用評級很高，但它對債務資本的需求卻相對較少。那些獲利能力較差的公司最需要資金，卻得不到足夠資金的支持。

你如何看待投資中的風險因素？

我很重視確定性。如果你這樣做了，風險因素就對你沒有意義了。以低於價值的價格買入股票不是冒險。以《華盛頓郵報》為例，它就是一種無風險投資。1973 年時，《華盛頓郵報》的市值為 8,000 萬美元，而且沒有任何負債。如果你問商界人士，《華盛頓郵報》值多少錢，他們一定會說值 4 億美元。即使是凌晨 2 點在大西洋當中進行拍賣，也會有人來買。這種投資是非常安全的，令人不可思議。決定這個投資，也不用花費多少精力。

如何看待經營中的借貸行為？

借來的錢就像是公司方向盤上的一柄利劍，它直指公司的心臟，車子總會遇到深坑，這時就會要了公司的命。理想的借貸方法應該保證市場的短期變化不會影響到你。

你也曾經是個套利者？

是的，因為我的母親今晚不在場，我可以向你承認我曾經是個套利者。我早期在葛拉漢‧紐曼公司學會套利。套利的基本形式是在一個市場上以低價買進，然後在另一個市場

上以高價賣出。在一個公司宣布以高於市場價的價格購並另一家公司時，我就進行套利。我關注他們宣布了什麼，它值多少，我們要付出多少，我們要參與多少時間。我們要算出這一方案被通過的可能性。考慮這些時，參與公司的名頭是否響亮並不仕考慮之列。

什麼時候下注最好？

當球還在投手的手中時，我從不左右移動，只有當機會來臨時才會做。

你如何對待各種預測專家和財務管理經紀人的意見？

如果你想剪頭髮，就不要問美髮師你需不需要剪。當有人想讓我採納他們的意見時，我會告誡他們：「用我的頭腦加上你們的錢，做得會更好。」你必須學會獨立思考。我一直很不明白高智商的人為什麼會輕易模仿別人。我們從不把好的主意告訴別人。

你對獨立投資者有何建議？

對獨立投資者來說，你應該了解企業運作的過程和企業語言（會計），具有一些比智商更重要的性格和品質。它會有助於你獨立思考和避免各種各樣的狂熱，這種狂熱無時無刻不會影響市場。了解會計原理是保證不依賴別人的手段之一。當經理們報告企業情況時，通常會提供按會計原則製成的報表。不幸的是，如果他們想欺騙你，報告也會符合會計

原則。如果你不能弄清其中的奧妙，你就不應該從事股票投資這一行。

你如何評價華爾街那些淘金者？

只有在華爾街，開著勞斯萊斯的人才會向走在人行道上的人打聽消息。其他領域的專業人員，比如牙醫，會給普通人帶來很多東西。但總的來說，人們從專業理財經理那裡什麼也得不到。華爾街喜歡把股票市場的活動描述為複雜的對社會有益的活動。然而事實與之相反，短期交易像一隻看不見的腳，狠狠地踹在社會的身上。

你能談談你的選股方法嗎？

選股的原則前面已經提到，就是你必須理性地投資。如果你不熟悉，就不要做它。我只做自己完全了解的事。以下是選股方法：第一步，在你了解的企業上畫個圈，然後剔除那些價值、管理和應變能力達不到標準的企業。第二步，選定一個企業進行評估。不要隨便採納別人對企業的評估，要自己分析它。比如，你將怎樣經營它？競爭對手是誰？客戶是誰？走出門去並和他們交談，分析你想投資的公司和其他公司相比，優勢和弱點在哪裡？如果你這樣做了，你就可能比公司的管理層更了解這家企業。這一原則也適用於技術類股票。我相信比爾蓋茲也會用這些原則。他對技術的了解程度和我對可口可樂和吉列的了解程度差不多。如果有人說他能估出交易所上市的所有股票的價值，他一定高估了自己的

能力。但如果你集中精力去研究某些行業，你能學會許多和估價有關的東西。最重要的不是你的能力範圍有多廣，而是你的能力有多強。如果你知道你的能力的界限在哪裡，你就比那些能力範圍比你大五倍而不清楚界限在哪裡的人強多了。

你為什麼不進行其他投資？

既然股市這麼簡單，為什麼還要買房地產呢？根據價值進行投資是如此地簡單易懂，以至於到大學拿一個經濟學博士顯得是一種浪費。進行投資就是在恰當的時間買進好股票並一直持有它，只要它還是一家好公司。

你在投資時追求什麼？

這可以從波克夏登在《華爾街日報》上的一則廣告來加以說明。廣告說：以下是我們所尋求的東西：A 購買額大（至少具有 1,000 萬美元的稅後盈餘，越大越好）。B 可靠的持續獲利能力（對前景和突然好轉的情形我們不感興趣）。C 企業股東權益報酬度良好而且債務水準很低或為零。D 適當的管理（我們不提供這項服務）。E 簡單的企業（如果需要太複雜的技術，我們就無法了解）。F 有明確出價（我們不想把自己和出售者的時間浪費在討論價格未定的交易上）。

聽說你對於投資中利用高深的數學很反感？

我從沒發現自己要用到代數。當然你要算出企業的價

值，然後把它除以它發行在外的普通股總數，這裡要用到除法。如果你準備出去買一個農場，一棟住宅或一臺乾洗機，你有必要求人幫你計算嗎？你做的買賣是否划算取決於那些企業的未來獲利能力與你的買價相比如何。

你特別看重一個公司的節儉？

每當我聽說又有一個公司進行成本削減計劃時，就知道這又是一個不了解什麼是成本的公司了。短期突擊解決不了問題。真正優秀的經理不會在某個早晨醒過來以後說：「今天我要削減成本。」對一個績優公司的老闆來說，節儉要從自身做起。

你是否也有過失誤？

是的，我也犯過許多錯誤，包括位於新英格蘭的一家叫波克夏的紡織廠。這家落後的紡織企業最終被關閉，然而公司的結構和名稱卻得以保存，它成了一家投資企業。在 21 歲時，我把自己所有財富的 20% 投資在一家加油站，那是一次最糟糕的決策。這次錯誤的機會成本大約是 11 億美元。

你迄今購買的理想股票是什麼？

我花了很多時間去研究華特‧迪士尼公司。我最喜歡的公司是這樣的：美麗的城堡，周圍是一條又深又險的護城河，裡面住著一位誠實而高貴的首領。護城河就像一個強大的威懾，使得敵人不敢進攻。首領不斷創造財富，但不獨占

它。換句話說，我們喜歡那種具有市場統治地位，別人難以模仿，耐久可靠的大公司。你的企業要有一定的保護能力，使得對手難以進入並以低價與你競爭。當我買股票時，我就認為是買下了整個公司，就像在街邊買了家商店。如果買下了商店，我就要了解它的一切。西元 1966 年上半年迪士尼的每股價格為 53 美元，看起來不太便宜，但以這個價格你能以 8,000 萬美元買下整個迪士尼公司，等於你有了白雪公主和其他一些卡通人物，有了迪士尼樂園，還有華特‧迪士尼這個天才當合夥人。

你最看重投資公司的那些方面？

在所有的企業中，每一星期每一個月每一年都會發生各種各樣的變化。但真正重要的是找對企業。這方面一個經典的例子是可口可樂公司。它在西元 1919 年上市，發行價是 40 美元 1 股。第二年，股價跌到每股 19 美元。如果公司發行上市時你就買進，一年之後，你就喪失一半的財富。但如果你持有到今天，並且把所有紅利再投入，它大約值 180 萬美元。我們經歷過大蕭條，也經歷過牛市，股價也波動不定，發生過成千上萬的事。但是看好產品的前景比在股市中進進出出多賺得多。查理‧蒙格叫我關注具有巨大獲利能力和成長性的大公司的特點，但獲利能力和成長性必須是確定的，不能像德州儀器公司或派拉蒙公司那樣是虛構出來的。我曾告訴通用食品的總裁，為什麼在沒有人對通用食品感興

趣的時候，我會購買這家公司的股票。「你有響亮的品牌，你的利潤占銷售額的 1/3，而其他食品公司只有 1/6 到 1/7，你有大量現金可用。如果你不知道怎麼用，我相信有人會知道。」優秀的公司能連續 20 到 30 年保持成長。你買進以後，只要回家，高枕無憂地讓經理們做他們的事。

你最看重企業的什麼方面呢？

我最看重企業商譽的價值。商譽就像企業之城的護城河。可口可樂擁有世界上最大的商譽價值。如果你送給我 1,000 億美元，讓我讓出可口可樂的股票，我會還給你，告訴你這是不可能的。除了商譽價值外，一個好企業還應具有價格的靈活性和調價能力。

你如何評價好的管理與好的公司？

我總把自己想像成擁有整個公司。如果管理層也這樣想，並依此制定政策，這便是我喜歡的管理層。由於我不是糖果銷售、圖書出版、服裝和鞋類等業務的專家，所以我喜歡那種專家型的經理。管理很重要，但好公司更重要。我們的結論是，如果讓聲名卓著的優秀管理人員來經營行業基礎不太好的企業，企業的狀況不會有多大的改觀。很少有例外。我喜歡那種即使沒人管理也能賺錢的企業。那才是我想要的企業。

附錄四　巴菲特給投資者的九個啟示

一、貪婪與恐懼

巴菲特有句名言:「當別人貪婪時我們恐懼,當別人恐懼時我們貪婪。沒有人對股票感興趣之時,正是你應對股票感興趣之時。」

貪婪和恐懼是人類的天性,對利潤無休止的追求,使投資者總希望抓住一切機會,而當股票價格開始下跌時,恐懼又占滿了投資者的腦袋。市場是由投資者組成的,感性比理性更為強烈,懼怕和貪婪使股票價格在公司的實質價值附近跌宕起伏。當投資者因貪婪或者受到驚嚇時,常常會以愚蠢的價格買入或賣出股票,追漲殺跌是貪婪與恐懼形成的典型後果。

二、羊群心理

羊群心理就是盲目的從眾心理,這往往會使投資者損失慘重。市場低迷時,是進行投資的好時機,但是由於市場上所有投資者都顯現出悲觀情緒,媒體也是一片空頭言論,大多數投資者因為羊群效應的心理,即使是最優質的股票被大幅低估,也不敢問津。市場高潮來臨時,則正好相反。

在股票選擇上也存在羊群心理,對那些市場熱烈追捧的熱門股票,即使是投機性很強價格已經很高,投資者依然不顧一切地買入。而被市場一時低估的真正優質股票,投資者因為冷門而沒有買入的信心。巴菲特說:「以一般的價格買

入一家非同一般的好公司，遠遠勝過用非同一般的好價格買下一家一般的公司。」

三、一夜暴富

一夜暴富是投資者的普遍心理，急功近利也就往往成為通病。股票買入後一兩個月沒有漲就忐忑不安。看著別的股票不停地上漲，而自己的股票原地踏步，心裡十分著急，於是即使虧損也馬上換股。但剛拋出後它卻又漲了，而買進的股票又陷入虧損。這樣的錯誤一次次不斷地重複，最後竹籃打水一場空。

快即是慢，慢即是快。「如果你不願意擁有一支股票十年，那就不要考慮擁有它十分鐘。」巴菲特這樣告誡投資者。

四、一葉障目

缺乏策略性思維，只看到短期一時的得失，而忽略長期的利益或損失。只看到股票一部分的優勢，而看不到潛在的重大危機。站在策略性的高度去思考，很多問題會得出不同的結論。

站得高，看得遠，只有策略性的思維，才能使我們大贏。對此，巴菲特總結為「對於大多數投資者而言，重要的不是他知道什麼，而是清楚地知道自己不知道什麼。」

五、僥倖心理

許多投機性的股票連續大漲，投資者經受不住暴利的誘

惑，總希望最後接棒的是自己，而命運卻常常捉弄他們，結果一敗塗地，血本無歸。

偶然性中包含必然性，碰運氣是獲勝的最大敵人。所以，巴菲特稱自己「寧願得到一個可以確定會實現的好結果，也不願意追求一個只是有可能會實現的偉大結果。」

六、過於自負

許多華爾街頂尖的專業投資人對價值投資不屑一顧，認為自己能把握市場的每一次機會。他們的確有淵博的知識，有極高的智商，有敏捷的思維，但卻被大部分看起來保守木訥的價值投資者所擊敗。國內有一些價值投資者，自以為是，總希望能獨闢蹊徑，最後誤入歧途，結果可想而知。

聰明反被聰明誤，老老實實按照一定的理論實踐，遠比自己亂來好。

七、缺乏信心

自負和自信是相對的。不能過於自負，也不能沒有自信。自信建立在自己的能力圈範圍內，簡單易懂的企業，經過深度透澈的研究，我們就應該有自己獨立判斷的信心。不必因為其他訊息的干擾或者暫時的市場表現，就推翻自己的結論。

八、厭惡損失

心理學實驗證明，損失所帶來的痛苦遠比同樣強度的獲

利所得到的快樂強烈。因此投資者內心有一種盡力迴避損失的潛意識。這種心理在投資活動中表現出來就是對損失的強烈厭惡，只要虧損一點點，心裡就不能忍受，從而產生非理性的殺跌行為。

猶豫不決與投資者的個性相關，這種投資者面對機會的掌握能力比較差。經常由於決策的遲緩而導致機會的喪失，或者是反復的追漲殺跌。

九、孤獨

人是群體性很強的動物。相對於占絕大多數的短線投資者，以及股票市場的投機炒作，價值投資者是孤獨的。能否承受這種孤獨，是能否堅持長線投資的關鍵。

耐得住寂寞的投資者，才能獲得最後的成功。巴菲特說：「我最喜歡持有一支股票的時間期限是 —— 永遠。」

附錄五　巴菲特推薦給投資者的閱讀書目

《證券分析》（*Security Analysis*）班傑明・葛拉漢著

葛拉漢的經典著作，專業投資者必讀之書。這部著作是華爾街的經典，也是奠定葛拉漢聲譽的里程碑式的著作。書中第一次闡述了尋找「物美價廉」股票和債券的方法，這些方法在葛拉漢去世後依然適用，巴菲特認為每個投資者都應該閱讀此書 10 遍以上。

《智慧型股票投資人》（*The Intelligent Investor*）班傑

明·葛拉漢著

葛拉漢專門為業餘投資者所著，巴菲特稱之為「有史以來最偉大的投資著作」。

《怎樣選擇成長股》（*Common Stocks and Uncommon Profits*）菲利普·費雪著

這本書介紹了投資專家菲利普·費雪所倡導的股票投資理念。側重講述了保守型投資的要素、特徵等情況。還談到投資哲學的起源，如何發展投資哲學等方面的科學知識。巴菲特認為自己的投資策略是「85% 的葛拉漢和 15% 的費雪」。他說：「運用費雪的技巧，可以了解這一行，並有助於做出一個聰明的投資決定」。

《巴菲特寫給股東的信》（*The Essays of Warren Buffett: Lessons for Corporate America, Fourth Edition*）巴菲特著，勞倫斯 A·坎寧安（Lawrence A. Cunningham）編

這本書收錄了巴菲特致股東的信，探討的主題涵蓋管理、投資和評估等，經勞倫斯整理，提煉出巴菲特精華的投資思想。書中闡述了公司治理、公司財務與投資、普通股、兼併與收購及會計與納稅內容，是一本既精煉又富於實用性的投資手冊。

《傑克・威爾許自傳》（*Jack: Straight from the Gut*）傑克・威爾許（Jack Welch）著

奇異的傑克・威爾許是全世界薪水最高的首席執行官，被譽為全球第一 CEO。從西元 1981 年掌控奇異起，在短短的 20 年時間裡，威爾許使通用的市值達到了 4,500 億美元，成長 30 多倍，排名從世界第 10 位提升到第 2 位。他所推行的「六標準差」（Six Sigma）標準、全球化和電子商務，幾乎重新定義了現代企業。

巴菲特是這樣推薦這本書的：「傑克・威爾許是管理界的「老虎」伍茲，所有 CEO 都想效仿他，他們雖然趕不上他，但是如果仔細聆聽他所說的話，就能更接近他一些。」

《致勝》（*Winning*）（傑克・威爾許著）

巴菲特說：「有了《贏》，再也不需要其他管理著作了。」

附錄六　巴菲特致股東的一封信（2009 年）

44 年來，波克夏・海瑟威公司的帳面價值已從 19 美元漲至 70,530 美元，年成長率達 20.3%。但是，2008 年是 44 年來最糟糕的一年，對波克夏的帳面價值和標準普爾 500 種指數來說都是。對於公司和市政債券、房地產和初級產品而言，這也是極具破壞性的一年。到年底，各類投資者都損失慘重，倍感困惑，仿佛誤入羽毛球賽場的小鳥一般。

聰明的貸款者不賭房價上升

波克夏·海瑟威公司的業務之一是克萊頓房屋公司,這是預售屋行業規模最大的一家公司。它最近的經歷,或許能啟迪有關住房和抵押貸款的公共政策辯論。

1990 年代,預售屋行業大多採取惡劣的銷售辦法。富有實際意義的首付要求經常不被理睬,有時還涉及造假。此外,不可能兌現的月供金額也得到了貸款者的同意,因為他們什麼也不會損失。因此出現的抵押貸款,通常經過證券化包裝,然後由華爾街公司賣給了毫不設防的投資者。這種邪惡而導致災難的行為鏈,必然要以災難告終,實際上也確實如此。

在房地產市場崩潰的背景下,克萊頓公司的 198,888 位借款人卻還在繼續正常還貸。為什麼我們的借款人(他們的典型特徵是收入普通,信用記錄也談不上多好)的表現如此出色?答案很簡單,我們的借款人僅僅是比較了一下全額貸款與他們的實際收入(不是預期中的收入)之間的差距,然後決定他們是否有能力還貸。簡單地說,他們辦抵押貸款的時候就決定要還清這筆貸款,不管房價如何起落。

當然,我們的一些借款人也會遇到麻煩。他們一般沒有太多存款來幫助其度過困境。出現拖欠貸款或喪失抵押品贖回權之類的現象,主要原因是失業,但死亡、離婚和醫療費用都會引起問題。如果失業率上升 —— 在 2009 年這是肯定

的，那麼就有更多克萊頓公司的借款人將遇到麻煩，我們的損失也會更大，雖然這種損失仍然是可以應付的。但房價走勢對我們的影響不大。

很多人在談到當前的房地產市場危機時，往往忽略了一個重要事實，那就是大多數斷供現象不是因為住房價值低於抵押貸款而引起的。相反，斷供是因為借款人無法支付月供。業主在付過有實際意義的首付（這筆錢來自存款而不是其他借款）後，很少會因為當前的住房價值低於抵押貸款金額，而拋棄現在的住處。相反，他們走人是因為無法支付月供。

自己擁有住房是一件美好的事情。我和家人現在的房子已經住了 50 年，而且還會繼續住下去。購買住房的主要動機應該是享樂和實用，而不是指望靠房子來賺錢或再融資。此外，購房者應該買與自己收入水準相符的住房。

當前的房地產市場危機應該給購房者、貸款機構、經紀公司和政府帶來一些簡單的教訓，以確保今後的穩定。購房至少要付 10% 實實在在的首付，並確保購房者的收入支付月供綽綽有餘。購房者的實際收入也應經過嚴格審核。讓人們擁有自己的住房雖然是一個理想的目標，但不應當成為首要目標，讓人們保住現有的住房才是我們的目標。

國庫券泡沫是最新的投資風險

去年我犯了一個大錯。在石油和天然氣價格接近巔峰的

時候，我買入了大量美國康菲（ConocoPhillips）石油公司的股票。去年下半年能源價格出現暴跌，這是我始料不及的。雖然現在我仍然堅信今後油價極有可能遠遠高於現在的每桶 40 至 50 美元價格，但到目前為止我還是錯了。而且即使今後能源價格上漲，此次購入股票的糟糕時機，還是讓波克夏・海瑟威公司損失了幾十億美元……

　　從好的方面來說，去年我們購入里格利公司、高盛公司和奇異公司發行的總額為 146 億美元的固定收益證券。此外，在購入 3 家公司發行的固定收益證券過程中，作為額外獎勵，我們還得到了實際參股權。為了籌資購買這些固定收益證券，我不得不賣掉了一部分我本想保留的股票（主要是強生公司、寶鹼公司（寶僑母公司）和康菲石油公司的股票）。

　　投資界面臨的風險，已經從價值低估轉向價值高估。這種變化不可小覷，鐘擺弧度更大了。幾年前，投資優級市政公債或公司債券，能得到像今天這樣的收益，幾乎是無法想像的，儘管無風險的政府債券短期收益接近於零，長期收益也少得可憐。編寫現代金融史的時候，我們無疑會提到 1990 年代末的網路泡沫和本世紀初的房地產市場泡沫，但 2008 年底的國庫券泡沫或許也同樣值得一提。

　　幾乎可以肯定地說，以目前的收益率長期持有現金等價物或長期政府債券是一種糟糕的政策。當然，隨著金融危機日益加深，這些金融票據的持有者會愈發覺得自己的選擇很

舒適 —— 事實上，他們幾乎有點沾沾自喜。當金融評論家高呼「現金是王」的時候，他們認為自己的判斷得到了肯定，儘管這些美妙的現金幾乎沒有給他們帶來任何收益，而且隨著時間的推移，購買力也必定會越來越低。

（節選自《巴菲特寫給股東的信》）

附錄七　巴菲特經典語錄

001. 一生能夠累積多少財富，不是取決於你能夠賺多少錢，而是取決於你如何投資理財，錢找人勝過人找錢，要懂得錢為你工作，而不是你為錢工作。

002. 那些最好的買賣，剛開始的時候，從數字上看，幾乎都會告訴你不要買。

003. 我們之所以取得目前的成就，是因為我們關心的是尋找那些我們可以跨越的一英尺障礙，而不是去擁有什麼能飛越七英尺的能力。

004. 在別人恐懼時貪婪，在別人貪婪時恐懼。

005. 如果你不願意擁有一支股票十年，那就不要考慮擁有它十分鐘。

006. 擁有一支股票，期待它下個早晨就上漲是十分愚蠢的。

007. 永遠不要問美髮師你是否需要剪頭髮。

008. 任何不能永遠發展的事物，終將消亡。

009. 投資並非一個智商為 160 的人就一定能擊敗智商為 130 的人的遊戲。

010. 市場就像上帝一樣,幫助那些自己幫助自己的人,但與上帝不一樣的地方是,它不會原諒那些不知道自己在做什麼的人。

011. 就算政府偷偷告訴我他未來二年的貨幣政策,我也不會改變我的任何一個作為。

012. 我只做我完全明白的事。

013. 不同的人理解不同的行業。最重要的事情是知道你自己理解哪些行業,以及什麼時候你的投資決策正好在你自己的能力圈內。

014. 很多事情做起來都會有利可圖,但是,你必須堅持只做那些自己能力範圍內的事情,我們沒有任何辦法擊倒泰森。

015. 對你的能力圈來說,最重要的不是能力圈的範圍大小,而是你如何能夠確定能力圈的邊界所在。如果你知道了能力圈的邊界所在,你將比那些能力圈雖然比你大 5 倍卻不知道邊界所在的人要富有得多。

016. 任何情況都不會驅使我做出在能力圈範圍以外的投資決策。

017. 我是一個非常現實的人,我知道自己能夠做什麼,而且我喜歡我的工作。也許成為一個職業棒球大聯盟的球星非常不錯,但這是不現實的。

018. 對於大多數投資者而言,重要的不是他到底知道什麼,而是他們是否真正明白自己到底不知道什麼。

019. 一定要在自己的理解力允許的範圍內投資。

020. 如果我們不能在自己有信心的範圍內找到需要的，我們不會擴大範圍。我們只會等待。

021. 投資必須是理性的。如果你不能理解它，就不要做。

022. 我們的工作就是專注於我們所了解的事情，這一點非常非常重要。

023. 開始存錢並及早投資，這是最值得養成的好習慣。

024. 我從十一歲開始就在做資金分配這個工作，一直到現在都是如此。

025. 從預言中你可以得知許多預言者的訊息，但對未來卻所獲無幾。

026. 我有一個內部得分牌。如果我做了某些其他人不喜歡、但我感覺良好的事，我會很高興。如果其他人稱讚我所做過的事，但我自己卻不滿意，我不會高興的。

027. 如果市場總是有效的，我只會成為一個在大街上手拎易開罐的流浪漢。

028. 在一個人們相信市場有效性的市場裡投資，就像與某個被告知看牌沒有好處的人在一起打橋牌。

029. 目前的金融課程可能只會幫助你做出平庸之事。

030. 沒有一個能計算出內在價值的公式。你得懂這個企業（你得懂得打算購買的這家企業的業務）。

031. 不必等到企業降至谷底才去購買它的股票。所選企業股票的售價要低於你所認為的它的價值並且企業要由

誠實而有能力的人經營。你若能以低於一家企業目前所值的錢買進它的股份，你對它的管理有信心，同時你又買進了一批類似於該企業的股份，那你賺錢就指日可待了。

032. 今天的投資者不是從昨天的成長中獲利的。

033. 波克夏就像是商業界的大都會美術館，我們偏愛收集當代最偉大的企業。

034. 真正理解養育你的那種文化的特徵與複雜性，是非常困難的，更不用提形形色色的其他文化了。無論如何，我們的大部分股東都用美元來支付帳單。

035. 你是在市場中與許多蠢人打交道；這就像一個巨大的賭場，除你之外每一個人都在狂吞豪飲。

036. 如果我挑選的是一家保險公司或一家紙業公司，我會把自己置於想像之中，想像我剛剛繼承了那家公司，並且它將是我們家庭永遠擁有的唯一財產。

037. 我將如何處置它？我該考慮哪些東西？我該擔心什麼？誰是我的競爭對手？誰是我的顧客？我將走出去與顧客談話。從談話中我會發現，與其他企業相比，我這一特定的企業的優勢與劣勢所在。

038. 如果你在一生中偶然有了一個關於企業的好想法，你是幸運的。基本上可以說，可口可樂是世界上最好的大企業。它以一種極為適中的價格銷售。它受到普遍的歡迎 —— 其消費量幾乎每年在每一個國家中都有所

成長。沒有任何其他產品能像它那樣。

039. 如果你給我 1,000 億美元，讓我放棄對可口可樂的投資，我會把錢還給你說，不可能！

040. 在商業不景氣時，我們散布謠言說，我們的糖果有著春藥的功效，這樣非常有效。但謠言是謊言，而糖果則不然。

041. 只有在潮水退去時，你才會知道誰一直在裸泳。

042. 我們不必屠殺飛龍，只需躲避它們就可以做得很好。

043. 習慣的鏈條在重到斷裂之前，總是輕到難以察覺。

044. 如果你基本從別人那裡學知識，你無需有太多自己的新觀點，你只需應用你學到的最好的知識。

045. 我從不打算在買入股票的次日就賺錢，我買入股票時，總是會先假設明天交易所就會關門，5 年之後才又重新打開，恢復交易。

046. 不要投資一門蠢人都可以做的生意，因為終有一日蠢人都會這樣做。

047. 如果開始就成功，就不要另覓他途。

048. 希望你不要認為自己擁有的股票僅僅是一紙價格每天都在變動的憑證，而且一旦某種經濟事件或政治事件使你緊張不安就會成為你拋售的候選對象。相反，我希望你將自己想像成為企業的所有者之一，對這家企業你願意無限期的投資，就像你與家庭中的其他成員合夥擁有的一個農場或一套公寓。

049. 透過定期投資於指數基金，那些門外漢投資者都可以獲得超過多數專業投資大師的業績！

050. 我們的目標是使我們持股合夥人的利潤來自於企業，而不是其他共有者的愚蠢行為。

051. 用我的想法和你們的錢，我們會做得很好。

052. 想要在股市從事波段操作是神做的事，不是人做的事。

053. 西元 1919 年，可口可樂公司上市，價格 40 美元左右。一年後，股價降了 50%，只有 19 美元。然後是瓶裝問題，糖料漲價等等。一些年後，又發生了大蕭條、第二次世界大戰、核武器競賽等等，總是有這樣或那樣不利的事件。但是，如果你在一開始用 40 塊錢買了一股，然後你把派發的紅利繼續投資於它，那麼現在，當初 40 美元可口可樂公司的股票，已經變成了 500 萬。這個事實壓倒了一切。如果你看對了生意模式，你就會賺很多錢。

054. 一個傑出的企業可以預料到，將來可能會發生什麼，但不一定知道何時會發生。重心需要放在「什麼」上面，而不是「何時」上。如果對「什麼」的判斷是正確的，那麼對「何時」大可不必過慮。

055. 你所找尋的出路就是，想出一個好方法，然後持之以恆，盡最大可能，直到把夢想變成現實。但是，在華爾街，每五分鐘就互相叫價一次，人們在你的鼻子底下買進賣出，想做到不為所動是很難的。

056. 華爾街靠的是不斷的交易來賺錢，你靠的是不去做買進賣出而賺錢。這間屋子裡的每個人，每天互相交易你們所擁有的股票，到最後所有人都會破產，而所有錢財都進了經紀公司的腰包。相反地，如果你們像一般企業那樣，50 年歸然不動，到最後你賺得不亦樂乎，而你的經紀公司只好破產。

057. 當一個經歷輝煌的經營階層遇到一個逐漸沒落的夕陽工業，往往是後者占了上風。

058. 所謂有「轉機」的企業，最後很少有成功的案例，與其把時間和精力花在購買價廉的爛企業上，還不如以公道的價格投資一些優秀的企業。

059. 投資人必須謹記，你的投資成績並非像奧運跳水比賽的方式評分，難度高低並不重要，你正確地投資一家簡單易懂而競爭力持續的企業所得到的報酬，與你辛苦地分析一家變量不斷、複雜難懂的企業可以說是不相上下。

060. 近年來，我們的投資重點已經轉移。我們不想以最便宜的價格買最糟糕的家具，我們要的是按合理的價格買最好的家具。

061. 當一些大企業暫時出現危機或股市下跌，出現有利可圖的交易價格時，應該毫不猶豫買進它們的股票。

062. 經驗顯示，能夠創造盈餘新高的企業，現在做生意的方式通常與其五年前甚至十年前沒有多大的差異。

063. 我們不會因為想要將企業的獲利數字增加一個百分點，便結束比較不賺錢的事業，但同時我們也覺得只因公司非常賺錢便無條件去支持一項完全不具前景的投資的做法不太妥當，亞當‧史密斯一定不贊同我第一項的看法，而卡爾‧馬克斯卻又會反對我第二項見解，而採行中庸之道是唯一能讓我感到安心的做法。

064. 一只能數到十的馬是隻了不起的馬，卻不是了不起的數學家，同樣的一家能夠合理運用資金的紡織公司是一家了不起的紡織公司，但卻不是什麼了不起的企業。

065. 我對總體經濟一竅不通，匯率與利率根本無法預測，好在我在做分析與選擇投資目標時根本不去理會它。

066. 利率就像是投資上的地心引力一樣。

067. 決定賣掉公司所持有的麥當勞股票是一項嚴重的錯誤，總而言之，假如我在股市開盤期間常常溜去看電影的話，你們去年應該賺得更多。

068. 一群旅鼠在意見分歧時，和華爾街那群利己的個人主義者沒有兩樣。

069. 股票預測專家唯一的價值，就是讓算命先生看起來還不錯。

070. 只要想到隔天早上會有 25 億男性需要刮鬍子，我每晚都能安然入睡。（談到對於吉列刮鬍刀持股的看法）

071. 經理人在思索會計原則時，一定要謹記林肯總統最常講的一句俚語：「如果一隻狗連尾巴也算在內的話，

總共有幾條腿？答案還是四條腿，因為不論你是不是把尾巴當作是一條腿，尾巴永遠還是尾巴！」這句話提醒經理人就算會計師願意幫你證明尾巴也算是一條腿，你也不會因此多了一條腿。

072. 我們從未想到要預估股市未來的走勢。

073. 短期股市的預測是毒藥，應該要把他們擺在最安全的地方，遠離兒童以及那些在股市中的行為像小孩般幼稚的投資人。

074. 人們習慣把每天短線進出股市的投機客稱之為投資人，就好像大家把不斷發生一夜情的愛情騙子當成浪漫情人一樣。

075. 所謂擁有特許權的事業，是指那些可以輕易提高價格，且只需額外多投入一些資金，便可增加銷售量與市場占有率的企業。

076. 有的企業有高聳的護城河，裡頭還有凶猛的鱷魚、海盜與鯊魚守護著，這才是你應該投資的企業。

077. 我們應集中關注將要發生什麼，而不是什麼時候發生。

078. 投資對於我來說，既是一種運動，也是一種娛樂。

079. 偉大企業的定義如下：在 25 年或 30 年內仍然能夠保持其偉大企業地位的企業。

080. 我們的投資仍然是集中於很少幾支股票，而且在概念上非常簡單：真正偉大的投資理念常常用簡單的一句話就能概括。我們喜歡一個具有持續競爭優勢並且由

一群既能幹又全心全意為股東服務的人來管理的企業。當發現具備這些特徵的企業而且我們又能以合理的價格購買時,我們幾乎不可能出錯。

081. 如果某人相信了空頭市場即將來臨而賣出手中不錯的投資,那麼這人會發現,通常賣出股票後,所謂的空頭市場立即轉為多頭市場,於是又再次錯失良機。

082. 我們歡迎市場下跌,因為它使我們能以新的、令人感到恐慌的便宜價格撿到更多的股票。

083. 不能承受股價下跌 50% 的人就不應該投資。

084. 當人們忘記「二加二等於四」這種最基本的常識時,就該是脫手離場的時候了。

085. 如果我們有堅定的長期投資期望,那麼短期的價格波動對我們來說毫無意義,除非它們能夠讓我們有機會以更便宜的價格增持股份。

086. 我從來不曾有過自我懷疑。我從來不曾灰心過。

087. 對於每一筆投資,你都應當有勇氣和信心將你淨資產的 10% 以上投入。

088. 假如你缺乏自信,心虛與恐懼會導致你投資慘敗。缺乏自信的投資人容易緊張,而且經常會在股價下跌時賣出股票。然而這種行為簡直形同瘋狂,就如你剛花了 10 萬美元買了一棟房子,然後立刻就告訴經紀人,只要有人出價 8 萬美元就賣了。

089. 我之所以能有今天的投資成就,是依靠自己的自律和

別人的愚蠢。

090. 我是個現實主義者，我喜歡目前自己所從事的一切，並對此始終深信不疑。作為一個徹底的現實主義者，我只對現實感興趣，從不抱任何幻想，尤其是對自己。

091. 在生活中，我不是最愛歡迎的，但也不是最令人討厭的人。我哪一種人都不屬。

092. 吸引我從事證券工作的原因之一是，它可以讓你過你自己想過的生活。你沒有必要為成功而打扮。

093. 這些數字就是我未來所擁有的財富，雖然我現在沒有這麼多，但總有一天我會賺到的。

094. 我不會以我賺來的錢衡量我的生命的價值。其他人也許會這麼做，但我當然不會。

095. 錢，在某種程度上，有時會使你的處境有利，但它無法改變你的健康狀況或讓別人愛你。

096. 從巨額的消費中，我不會得到什麼快樂，享受本身並不是我對財富渴求的根本原因。對我而言，金錢只不過是一種證明，是我所喜歡的遊戲的一個計分牌而已。

097. 我始終知道我會富有，對此我不曾有一絲一毫的懷疑。

098. 我所想要的並不是金錢。我覺得賺錢並看著它慢慢增多是一件很有趣的事情。

099. 雖然我也靠收入生活，但我迷戀過程要遠勝於收入。

100. 我有一塊黑色的畫布，我還有許許多多的顏料，我得到我所想要的。現在我擁有較大數目的財富，但是，

在多年以前，當金錢的數目較少時，我也擁有同樣多的樂趣。因為我深知，我想做的事情必定會達成。

101. 必須有工作熱情但又沒有貪念，並且對投資的過程入迷的人才適合做這個工作。利慾薰心會毀了自己。當然，漠視金錢或者淡泊財富的人也不適合玩這種「遊戲」，因為他不喜歡就沒有熱情。

102. 如果把那些曾經信任過我的人推開，我不會自我感覺良好。

103. 我不拿任何工作與我的工作做交易，並且我的工作中包含著政治生活。

104. 我想像不出生活中有什麼我想要而不能擁有的東西。

105. 我對食物與節食的看法不可救藥地在很早就建立了 —— 它是在我慶祝 50 歲生日時一次極度成功的聚會上的產物。那時我們吃了熱狗、漢堡包、軟飲料、爆米花以及冰淇淋。

106. 任何一個不打橋牌的年輕人都犯了一個大錯誤。我經常說，如果有 3 個會玩橋牌的同牢房牌友，我不介意蹲監獄。

107. 我學會了只與我喜歡、信任和敬佩的人一起發展業務，基本上不與自己不喜歡的人合作。

108. 我尊重我的孩子們正在從事的一切，而且我並不覺得我的生活方式要比他們之中任何一位更為優越。如果他們願意進入投資這一行業，很好，但我並不希望他

們一定如此。我的確有一封伴隨我的遺囑信。信中說，如果我的後代中有人對我這一行業表現出了興趣，他們應當被給予一份分量很輕的優先權，但也僅僅是一份分量很輕的優先權而已。

109. 我要他以小寫拼出自己的名字，以使每一個人都認識到，他是那個沒錢的巴菲特。巴菲特的兒子霍華競選奧馬哈地方長官的時候，投票者錯誤地以為，憑他的姓，他的競選活動將會得到很好的財政支持。但事實恰恰相反，巴菲特由此說。

110. 任何情況下都不要撒謊。別理會律師。一旦你開始讓律師介入你的事務，他們大致會告訴你「什麼也別說」。如果你能從根本上把問題所在弄清楚並思考它，你永遠也不會把事情搞得一團糟。

111. 想過超級富翁的生活，別指望你老爸。（對子女們說）

112. 就算是傑西・歐文斯的小孩要參加百公尺賽跑，也不能享受從 50 公尺線起跑的待遇。

113. 富人應當給自己的孩子留下足夠的財富，以便讓他們能做他們想做的事情，但不能讓他們有了足夠的財富後可以什麼都不幹。

114. 所有人都認為，食物券使人更加衰弱無力，並且將導致貧困的往復循環，他們卻未想到，他們自己同樣是分發食物券的人，整天東奔西走，想要給他們的孩子留一頓重的錢。

115. 若讓微軟總裁比爾蓋茲去賣熱狗，他一樣可以成為「世界熱狗之王。」

116. 比爾蓋茲是我的好朋友，他可能是世界上最聰明的人，至於那小東西（指計算機）是做什麼用的，我一點也不清楚。

117. 我有半打親密的朋友。一半男的，一半女的，就像算好的一樣。我喜歡他們，仰慕他們。他們都是些坦誠相見的人。

118. 我記得我曾向一位從奧斯維辛倖存的婦女詢問什麼是友誼這一問題。她回答說，她的檢驗準則是：「他們會幫助我藏身嗎？」

119. 無論誰一旦與我同一個戰壕，他就能拿槍指著我的腦袋。

120. 選擇任何一位正直的人作為工作的同事。歸結起來這一點是最為重要的因素。我不與我不喜歡或不敬慕的人打交道。這是關鍵所在。這一點有點像婚姻。

121. 我與充滿熱情的人在一起工作，我做我在生活中想做的事。我為何不能這樣？如果我連做自己想做的事都辦不到，那才是真的見鬼！

122. 有人曾經說過，當尋找受雇的職員時，你要從中尋找三種品格 —— 正直、勤奮、活力。而且，如果他們不擁有第一品格，其餘兩個將毀滅你。對此你要深思，這一點是千真萬確的。如果你雇用了沒有第二種品格

的某些人，你實際上想要他們既啞又懶。

123. 一位所有者或投資者，如果盡量把他自己和那些管理著好業務的經理人結合在一起，也能成就偉業。

124. 任何一位捲入複雜工作的人都需要同事。

125. 生活的關鍵在於要為自己準確定位。

126. 如果不能在 30 歲以前成為百萬富翁，我就從奧馬哈最高的建築物上跳下去。

127. 在馬拉松比賽中，你想跑到第一的前提是必須跑完全程。

128. 在曳引機問世的時候做一匹馬，或在汽車問世的時候做一名鐵匠，都不是一件有趣的事。

129. 哲學家們告訴我們，做我們所喜歡的，然後成功就會隨之而來。

130. 生活的關鍵是，要弄清誰為誰工作。哈佛的一些大學生問我，我該去為誰工作？我回答，去為那個你最仰慕的人工作。兩週後，我接到一個來自該校教務長的電話。他說，你對孩子們說了些什麼？他們都成了自我雇傭者。

131. 在規則之外，要遵循榜樣的引導。

132. 除了豐富的知識和可靠的判斷外，勇氣是你所擁有的最寶貴的財富。

133. 要想遊得快，借助潮汐的力量要比用手划水效果更好。

134. 民意測驗不能代表思想。

135. 傳統（的智慧）長，（個人的）智慧短。

136. 永遠不要從事那些目前使人痛苦，但從現在起 10 年後可能會大有改善的事業。如果你今天不欣賞你所從事的事業，可能 10 年後你仍不會欣賞它。

137. 每個人都會深受影響，美國人的心靈將永遠不會回到從前。（關於「911」的影響）

138. 在生活中，如果你正確選擇了你的英雄，你就是幸運的。我建議你們所有人，盡你所能地挑選出幾個英雄。

139. 如果你是池塘裡的一隻鴨子，由於暴雨的緣故水面上升，你開始在水的世界之中上浮。但此時你卻以為上浮的是你自己，而不是池塘，那你就錯了。

140. 你真能向一條魚解釋在陸地上行走的感覺嗎？對魚來說，在陸地上待一天勝過幾千年的空談。

141. 當正確的投資衝動遇上正確的知識體系，你就會有理智的投資行為。

142. 那就像是挑選 2000 年奧運會金牌得主的長子來組成 2020 年參賽隊伍一樣。（反對取消遺產稅時說）

143. 不要用屬你、並且你也需要的錢，去賺那些不屬你、你也不需要的錢。這太愚蠢了，用對你重要的東西去冒險贏得對你並不重要的東西，簡直無可理喻，即使你成功和失敗的比率是 100 比 1，或 1,000 比 1。

144. 不要用你最寶貴的時間，去做那些你不喜歡的、僅僅是為了讓簡歷更好看的事情。

145. 設計出的工具越多，使用工具的人就得越聰明。

146. 賭博的嗜好總是由一筆大額獎金對一筆小的投資而刺激起來的，不管這種機率看起來是多麼微小。這也是拉斯維加斯的賭場把他們設的巨獎廣而告之，州獎券以大字標題標出他們的大獎的原因所在。

147. 有一段時間，我們有一條生活在我們房頂上的狗。一次我的兒子召喚它，它就從房頂上跳下來了。它還活著，但摔斷了一條腿。這真是可怕。這條狗是如此愛你，以至於它從房頂上跳下來，所以你同樣也能置人於如此境地。我不想這麼做。

148. 我們並非純粹的經濟動物，而且政策有時在某種程度上會置我們於嚴重不利的地位，但是我們在生活中寧可選擇忠實於合夥人這種工作方式。你如果不斷割斷與你所喜歡、所仰慕或你認為很有趣的人的聯絡，在這種情況下，即使你致富了，成為了一個稍有名氣的人物，那又有什麼意義可言呢？我們喜歡大人物，但並不意味著因此要把其他一切都排斥在外。

149. 人是理性的，因為無論做什麼事情，他總能找到理由。

150. 擁有一顆鑽石的一部分，也要比完全擁有一塊大理石好得多。

151. 你應去你所傾慕的商業領域或你所傾慕的人那裡謀職。任何一刻，你都可能碰到就在你身邊的可能使你獲益良多的人士，或者你感覺良好的組織，那一刻你

必然會尋得一個好的結果。

152. 經濟福利水準的提高，有賴於投資在現代生產設施上的實際資本的較大收益，如果缺乏持續的創造能力，缺乏新的、昂貴的資本品的投入，那麼，巨大的勞動力市場、巨大的消費需求，以及同樣巨大的政府承諾，將只能導致巨大的經濟失敗。這是一個俄國人與洛克斐勒家族都了解的等式。

153. 一種模範行為的扭轉可能甚至比規則本身還要重要，雖然規則也是必要的。在我作為董事長的任期中，我已要求所有所羅門公司的 9,000 名職員幫助我在這方面做出努力。我也已敦促職員們，在規則之外，要遵循榜樣的引導，要仔細考慮任何一種商業行為的後果。一個職員應該問他自己，他是否願意看到他的不當行為被記者批評報導，出現在一家能被他的配偶、孩子和朋友所能讀到的地方報紙的頭版上。在所羅門內部，我們不會僅僅為此進行任何行為合法性的測驗。但是，作為公司，我們應該體會到，任何不當行為都是可恥的。

154. 我們沒有必要比別人更聰明，但我們必須比別人更有自制力。

155. 我很理性。很多人比我智商更高，很多人也比我工作時間更長、更努力，但我做事更加理性。你必須能夠控制自己，不要讓情感左右你的理智。

156. 如果你不能控制住你自己，你遲早會大禍臨頭⋯⋯

電子書購買

國家圖書館出版品預行編目資料

海嘯華爾街，巴菲特傳奇：股市線型看多只會被 KO ！用最樸實無華的方式逆襲成為世界首富 / 趙劭甫，趙建 著 . -- 第一版 . -- 臺北市：崧燁文化事業有限公司 , 2022.11
面； 公分
POD 版
ISBN 978-626-332-836-5(平裝)
1.CST: 巴菲特 (Buffett, Warren) 2.CST: 傳記
3.CST: 投資
563.5　　111016648

海嘯華爾街，巴菲特傳奇：股市線型看多只會被 KO ！用最樸實無華的方式逆襲成為世界首富

臉書

作　　者：趙劭甫，趙建
編　　輯：徐悅玲
發 行 人：黃振庭
出 版 者：崧燁文化事業有限公司
發 行 者：崧燁文化事業有限公司
E - m a i l：sonbookservice@gmail.com
粉 絲 頁：https://www.facebook.com/sonbookss/
網　　址：https://sonbook.net/
地　　址：台北市中正區重慶南路一段六十一號八樓 815 室
Rm. 815, 8F., No.61, Sec. 1, Chongqing S. Rd., Zhongzheng Dist., Taipei City 100, Taiwan
電　　話：(02) 2370-3310　　傳　　真：(02) 2388-1990
印　　刷：京峯彩色印刷有限公司（京峰數位）
律師顧問：廣華律師事務所 張珮琦律師

定　　價：360 元
發行日期：2022 年 11 月第一版
◎本書以 POD 印製